Pott Nörden

Theo Schuster

In Aurich ist es schaurig …

Ortsneckereien und Verwandtes
aus Ostfriesland
und *umto*

Mit 21 Illustrationen
von Holger Fischer

SCHUSTER

Inhalt

5

Amdörper Stackohren

Ortsneckereien und Verwandtes

Von *Abbickenhausen* bis *Wymeer*

A b b i c k e n h a u s e n (Gem. Schortens, Ldkr. Friesland)
Abb'hauser Jahnuppers (Maulaffen, Einfaltspinsel).

A b e n s (Stadt / Ldkr. Wittmund)
Abensters lopen mit Zedels un Breveln heißt es in einem Harlinger Kirchspiellied.
Die Einwohner von Abens galten in früherer Zeit als arbeitsscheu. Sie bettelten bzw. sammelten mit gefälschten Ausweisen.
→ Harlingerland

A c c u m (Gem. Schortens, Ldkr. Friesland)
Die vorwiegend reformierten Accumer hießen *Spitzkoppen*, man nannte sie auch wohl *De Framen*, die Frommen, weil sie - wie böse Nachbarn behaupteten - ihre Frömmigkeit über Gebühr herausstellten. Als *Spitzkoppen* wurden einst die Reformierten bezeichnet, abgeleitet von der Kopfform des Reformators Calvin.

A m d o r f (Samtgem. Jümme, Ldkr. Leer)
Amdörper Stackohren (Steifohren).
Von den Amdorfern behauptete man, daß sie hochstehende, steife Ohren hätten, d.h. daß sie überaus stolz seien. Vgl. Remels

A r d o r f (Stadt / Ldkr. Wittmund)
Ardörp, (is 'n) naar Dörp.

Ardörpers hebbt scharp Taschendöker in d' Taske.
→ Holtriem

Dat is de Ardörpers hör Nood,
's Winters kien Botter un 's Sömmers kien Brood.
Die Gegend um Ardorf galt als arm und unfruchtbar. Die Ardorfer hatten keine Vorräte und lebten in den Tag hinein.

A r l e (Gem. Großheide, Ldkr. Aurich)
Unner Arl' (auch: *Arl' un Terhall'*),
dar wohnen de Schojers un Gaudeven all.
Blandörp, Wicht' un Bran' (Blandorf, Wichte sowie Oster- bzw.
  Westerbrande),
dor wohnen d'r ok noch eenige van.

A s e l (Stadt / Ldkr. Wittmund)
Aseler Ganten (Gänseriche).
Die einst sehr sumpfige Gegend eignete sich zur Gänsezucht.

A u r i c h (Stadt / Ldkr. Aurich)
Auerker Pogge/n (Frösche).
Spottname für Auricher. Die Frösche rufen nämlich ‚Au-erk‘.

Auerker Pogge,
maak mi 'n paar Schoh!
Ik hebb kien Leer,
ik hebb kien Smeer,
ik hebb kien Pick.
Aurick - kick - kick - kick!

Dieses Spottgedicht bzw. -lied, mitgeteilt von August von Halem, erinnert nach seiner Meinung an die ehemals geringe Bedeutung der ‚kleinen Hofstadt‘, Aurich, die früher darauf angewiesen war, ‚aus andern größern ostfriesischen Städten ihre vielfältigen Lebensbedürfnisse zu beziehen‘. Das Lied sei ursprünglich von den besonders unter Graf Enno III. (1563-1625) mächtigen Emdern aufgebracht worden (Halem 1842: 35). Leege meint, das Lied sei eine Verspottung des Auricher Dialektes (Leege 1911).

An diesen Spott knüpfte ein Federkrieg an, der 1866 zwischen den ‚Auricher Nachrichten‘ und dem ‚Leerer Anzeigeblatt‘ ausgefochten wurde (→ Schuster 2001: 105 f.).

Vermutlich ist das Gedicht jedoch einst weiter verbreitet gewesen und erst später auf die Auricher gemünzt worden. So hieß es in Oldenburg ähnlich:
Freerk, Freerk, maak mi 'n Paar Schoh.
Ik hebbe kien Leer usw.

Auerk = Pannkokenstadt.

De Auerker Backers, dat sünd dröög Klüütjebackers - seggen de Nörders - un 't Wittbrood is Bookbinder.
Man sagte den Auricher Bäckern nach, daß sie ausschließlich Wasser und Mehl zum Teig verwendeten und weder Milch noch Eier. Ihr Weißbrot sei kleistrig wie der Leim der Buchbinder, die einst *Kliesterbandit, -pott* usw. beschimpft wurden.

Wat is dat good, dat wi hier sünd un nich tüsken Auerk un Brill*.
Jeverländische Redensart bei schlechtem Wetter. Die Gegend galt
einst als gottverlassen.
* Brill (Samtgemeinde Esens, Ldkr. Wittmund)
He is mit (de) Kopp al in Auerk un mit de Mors noch in Leer (Er
ist in Gedanken schon ganz woanders).

He kickt dör de Haaren as de Auerker Swienen,
die so mager waren, daß sie lange ‚Hungerborsten‘ hatten.

Du sallst mit na de (oder: *na d’ letzde*) *Auerker Markt.*
sagt man zu einem Kind, das immer wieder drängelt, mitgenom-
men zu werden. Vgl. Bargebur, Jemgum

Es gibt mehrere unterschiedliche Fassungen der folgenden Merk-
reime über die ‚negen Logen‘ (neun Dörfer im Kirchspiel Aurich,
heute gehören sie alle zur Stadt Aurich). Hier folgen die drei wichtigsten Varianten, die dritte ist etwas boshafter.
Die ersten beiden Zeilen des ersten Reimes waren zugleich ein
Rätsel, Antwort: Aurich. Vgl. Remels

I. *Negen Logen un een Stadt*
hebben mit’nanner een Slötelgatt (ein Schlüsselloch, gemeint ist
eine Kirche).
Extum, Haxtum, Rah’,
de folgen ’nanner na,
Egels, Wallinghusen, Popens,
de kann man wall oflopen,
Sandhörst, Karkdörp, Wall’,
dat sünd de negen Logen all’.

II. *Sandhorst, Egels, Popens,*
de kann man good aflopen.
Haxtum, Extum, Rah’,
de liggen eenanner nah.
Karkdörp, Wallinghusen,
dor gifft neet vööl to smusen,
un nu tolesd noch Wall’,
dat sünd de negen Logen all.

III. *Extum, Haxtum, Rah’,*
dor haun’ se sük mit d’ Spaa.

In Wall'
wohnen de Schelms un Deven all.
De Sandhörster Heer
ritt up appelgraue Peer.
In Wallinghusen,
dor slahn se sük mit Kusen,
de olle Wieven mit Speken,
dat kunn woll Walkenhusen heten.
Egels liggt bi de Sied,
de Galg' is hör neet wied.
Popens is 'n Loog.
Karkdörp is 'n Horenloog (oder: *Hexenloog*).
In Sandhorst stand ein Lustschloß der ostfriesischen Fürsten, die
gerne apfelgraue Pferde ritten.
Auf dem Jan-Hinnerks Hügel bei Egels war eine Richtstätte, vgl.
vdK / Sch 2003: Nr. 40.

In einer weiteren Fassung heißt es:
In Egels, Popens, Wallinghusen,
dar stahn de grote Burenhusen.

→ Kirchdorf, Ogenbargen, Ostfriesland

A u r i c h - O l d e n d o r f (Gem. Großefehn, Ldkr. Aurich)
Wullt du 't Bessenbinnen lehren
gah na d' Oldendörpster (Aurich-Oldendorf) Heeren.
De leggen 'n olle Steel up d' Padd
un haun d'r 'n Foor Bessemries um platt.

Auerker Pogg

B a c k e m o o r (Gem. Rhauderfehn, Ldkr. Leer)
Baakmoormer Stiefkoppen
stahn vör d' Döör to nickkoppen.
Spottvers der Breinermoorer auf die Backemoorer. Zwischen beiden Dörfern bestand eine alte Rivalität.

In Baakmoor, dar wohnt 'n Mester-Ohm,
de is so taj as 'n Ekenboom.
Zeilen aus einem Gedicht des Lehrers Eilert Oldenburger (1822-1905).

B a g b a n d (Gem. Großefehn, Ldkr. Aurich)
Backband (Bagband), Plackland,
Heidfeld, Meedland, leege Gast
Schiet in de Hood, wat darup wasst!
Die Gegend um Bagband war seinerzeit recht unfruchtbar.
→ Timmel

So hangen de Engelkes in d' Bagbander Kark
sagte man in Stiekelkamperfehn und hielt dabei im Scherz kleine Kinder hoch. Dieser Ulk ist im Nordwesten meistens verbunden mit der Frage an die Kinder: ‚Sall 'k di mal de Bremer Gosen wiesen?' (→ S. 123).
Die Stiekelkamper mußten früher zum Gottesdienst nach Bagband. Die Bagbander Kirche enthält eine bemerkenswerte Holzplastik (Ende 15. Jhdt.). Die Darstellung zeigt Christus am Kreuz zwischen Maria und Johannes, umgeben von zwei (ursprünglich drei) schwebenden Engeln.

Drenter Buren.
Mißgünstiger Spott der umliegenden Moorkolonien für die Bagbander Bauern, die relativ begütert waren. Man sagt, daß nach einer verheerenden Pest, der fast alle Bagbander zum Opfer fielen, Zuwanderer aus dem niederländischen Drenthe den Ort neu besiedelt haben (Vgl. vdK / Sch 2003, Nr. 108).

Bagbanditen
nannte man im 19. Jahrhundert die Bagbander, da einige von ihnen berüchtigte Pferdediebe gewesen sein sollen.

B a l t r u m (Inselgem., Ldkr. Aurich)
Baltrum is 'n Sandbüsse (oder: *Sandfatt* bzw. *Sandstadt* oder: *klene Stadt*)
Vers aus einem alten Gangspillreim über die Ostfriesischen →
Inseln. Auf dem Sandboden der Insel wurden u.a. recht wohl-
schmeckende Kartoffeln angebaut, die ihren Weg sogar nach
Friedrichsruh, in Bismarcks Küche gefunden haben sollen. Der
Boden mußte jedoch kräftig mit Naturdünger, Muscheln und
Seetang gedüngt werden.
Von der zweitkleinsten ostfriesischen Insel pflegt man gern zu
spotten:
In Baltrum ist man bald rum.

B a r g e b u r (Stadt Norden, Ldkr. Aurich)
He neiht d'r ut (reißt aus) *as de Köster van Bargebur.*
Küster und Prediger galten einst im Volk als nicht besonders mu-
tig.

Wees man still, du geihst ok mit na d' Bargebuurder Goosmarkt
mit dieser Zusicherung pflegte man vor allem Kinder, aber auch
naive Leute zu beruhigen, falls sie zu aufdringlich wurden bzw. zu
viel forderten. Vgl. Aurich, Jemgum

B a r k h o l t (Samtgem. Holtriem, Ldkr. Wittmund)
Barkholter Eerdmanntjes.
Der Name ist abgeleitet von einer Sage über die kleinen Wichte,
die dort in einem Hügel gehaust haben sollen (s. vdK / Sch 2003:
125).

Barkholter Schotthosen (Barfußgeher).
Die Barkholter sollen Strümpfe (Hasen, Hosen) ohne Füßling getragen haben. → Schott-, Schörthosen: S. 145

Heid' is de Barkholters eerst Freid.
Die ersten Siedler verwendeten einst vor allem Heidplaggen (Ra-
sentorf) zur Feuerung. Bevor diese zu glimmen begannen, flacker-
te erst das trockene Heidekraut lustig auf.

B e r d u m (Stadt / Ldkr. Wittmund)
Ber'mer Sleepers (Schlepper).

Nach einer Sage sollen die Berdumer nach einem ausgiebigen Totenbier (Dodenbeer) einst einen Sarg auf Schlittenkufen (Sleepers) zum Friedhof gezogen haben. Seitdem galt die Pantomime des Schleppens oder Schleifens für die Berdumer als arge Beleidigung. Wahrscheinlich lag der Grund für diesen ungewöhnlichen Transport in den damals grundlosen Kleiwegen dieser Gegend.

B l a n d o r f (Samtgem. Hage, Ldkr. Aurich)
→ Arle

B l e r s u m (Stadt / Ldkr. Wittmund)
Dat Kartuffelloog.
Die in Blersum angebauten Kartoffeln, die ‚Blersumer Blauen‘ (vergleichbar den ‚blauen Odenwäldern‘), waren von besonderer Güte.
Der ostfriesische Mathematiker und Astronom Jabbo Oltmanns (*1783 Wittmund † 1833 Berlin) nannte das damalige Dorf spöttisch ‚Kartuffeluniversität‘, weil ein Pastor dort seinerzeit eine Privaterziehungsanstalt unterhielt zur Ausbildung junger Menschen, bzw. zur Vorbereitung zum Studium.

Dat ruge Jungensloog (→ Harlingerland).

B o e k z e t e l e r f e h n (Gem. Moormerland, Ldkr. Leer)
Hoek, Boek un Beek,
dat is en quaden Streek (armer Landstrich).
Well nix hett un kann nix kriegen,
mutt ut Hoek, Boek, Beek utblieven!
3. und 4. Zeile auch:
Well nix hett un kann nix geven,
kann in Hoek, Boek, Beek nich leven.
Boek = Boekzetelerfehn
Hoek = Boekzeteler Königshoek
Beek = Jheringsbeek (Jheringsfehn, alter Name)
Vgl. Hage, Norden, Ulbargen

B o e n (Samtgem. Bunde, Ldkr. Leer)
He kroppt sük as 'n Boenster Zeeg in de Stick.

B ö h m e r w o l d (Gem. Jemgum, Ldkr. Leer)
In leicht unterschiedlichen, etwas niederländisch gefärbten Schau-
kelreimen über eine Schlittenfahrt ist Böhmerwold eine Zwischen-
station, z.b.:
Hockelfossee, well geiht mee
achter up de Slingerslee,
wenn de Slingerslee uns haalt,
fahren wi na Böhmerwold,
van Böhmerwold na Leer,
dor drink wi dann 'n Glas Beer,
van Leer un dat na Bunne (Bunde),
dor koop 'n wi 'n Sack vull Hunne,
van Bunne na Wymeer,
un dor koom wi weer her.
oder:
Hockelfossee, well geiht mee
achter up de lange Slee!
As de Slee dann hollt,
fohren wi na Wold,
van Wold un dat na Bunne,
so fohren wi in d' Runne,
van Bunn' un dat na Neeschanz,
dor gahn de Suldaten mit Jüffers up de Danz,
van Neeschanz na d' Poller (Landschaftspolder),
dor krieg 'n se um seß Ühr Hollert,
van d' Poller un dat na Eppenwehr (Eppingawehr),
van Eppenwehr un dat hier weer her.

B o r k u m (Stadt, Ldkr. Leer)
Kanienfreter (Kaninchenfresser).
Auf Borkum und auf den meisten Ostfriesischen Inseln waren
Kaninchen sehr zahlreich. Obwohl den Insulanern die Jagd auf
die Tiere offiziell verboten war, bereicherte ihr Fleisch den Speise-
zettel der Eilander.
In alter Zeit war auch der Schimpfname *Kohfladenbranner* geläu-
fig. Auf den baumarmen, aber zumeist viehreichen Inseln, nicht
nur auf Borkum, diente getrockneter Kuhdung als wichtiger
Brennstoff.

So heißt es in dem bekannten Gangspillreim:
Börkmers melken Kohjen un bruken Dreck to Brand.
Diese zweite Zeile lautet auch bösartig abgewandelt:
... un bruken hör Schiet as Brand.
oder auch:
un schiet 't hör Brand.

Der folgende alte niederländische Reim bezieht sich auf die Sage von einem angeblich in den Borkumer Woldedünen von dem berühmten Seeräuber Klaus Störtebeker vergrabenen Schatz. Albrecht Janssen (1886-1972) nahm um 1920 diese Überlieferung zur Grundlage seines Kunstmärchens ‚Störtebekers Schatz'.
Indien de Wolde-Duynen
konden spreken
zolde 's de Borkumers
aan Geld niet gebreken.
Wenn die Woldedünen sprechen könnten, würde es den Borkumern an Geld nicht mangeln.
→ Inseln, Ost- und Westfriesische

B o r s s u m (Stadt Emden)
Hest woll een an de Borssumer Diek lopen!
Dir ist wohl einer deiner fünf Sinne davongelaufen.
Fritz Lottmann gibt in dem plattdeutschen Volksbuch ‚Hus sünner Lücht' (Erstauflage 1918) Borssum den Fantasienamen *Plunum*, vermutlich latinisierend abgeleitet von ‚Pluum' (ndd.) und ‚Prunum' (lat.) = Pflaume. Borssumer Zwetschen waren sehr bekannt.

Wenn einst beim Buttern der Puls (Stoßholz) rasch auf und ab bewegt wurde, hieß es lautmalerisch vom ‚Pulsken' der Milch im Butterfaß:
Van Borssum na de Stadt!
Van Borssum na de Stadt!
Vgl. Uphusen

B r i l l (Samtgem. Esens, Ldkr. Wittmund)
Bi Esens is 'n Brill to finnen, dar hett noch nüms dörkeken.
Rätsel. Antwort: Das Dorf Brill.
→ Aurich

B r i n k u m (Samtgem. Hesel, Ldkr. Leer)
In Brinken, wor de Swien stinken, wor de Kalver blarrn, dar gifft'
grood Alarm.
Handsken (Hanschken) an un blood Foot,
dat is de Brink'mer Hochmoot.

B r o c k z e t e l (Stadt / Ldkr. Aurich)
Hupp, hupp, hupp Hafermann,
dor kummt wi all Brockzetelers an,
Abraham un Sarah,
Berend un Ettje Katrina.

B r o o k m e r l a n d
Kiek, de is ut Brookmerland -
hett 'n Stückje (oder: *'n Deitass) up de Schuud.*
→ Ostfriesland

B u n d e (Samtgem., Ldkr. Leer)
Bunder Wind.
Die Bunder wurden von ihren rheiderländischen Nachbarn als
Windbeutel, als Angeber und Prahler angesehen.

B u r h a f e (Stadt, Ldkr. Wittmund)
In einem Harlinger Kirchspiellied heißt es:
Burhafer Prunkers (Angeber, Prahler)
→ Harlingerland

B u r l a g e (Gem. Rhauderfehn, Ldkr. Leer)
Wüste Burlager.
Burlage war noch zu Beginn des 19. Jahrhunderts eine arme
Moorkolonie, die aus ‚geringen Häusern' (Arends: 193) bestand.
Überliefert ist, daß im Revolutionsjahr 1848 die Jümmebrücke in
Stickhausen allabendlich hochgezogen wurde, damit die ‚wüsten
Burlager' nicht über Nacht eindrangen, um vom Stickhauser
Oberamtmann Brot zu fordern.

Well na Burlage will to frejen, de laat man 'n Rucksack vull Buck-
geld mitnehmen.

Na Burlage gah ik nich hen, dar eten de Lü noch Bree un Swart-brood.
Den Satz soll ein Dr. Rehbock geprägt haben, der um 1850 in Holte gewohnt haben soll.

B u t t f o r d e (Stadt / Ldkr. Wittmund)
Buttfoordster Fillers (Abdecker, Schinder).
Nach einer unterschiedlich erzählten Sage (vdK / Sch 2003, Nr. 321) soll ein geiziger Buttforder einst an einem Sonntag auf einem öffentlichen Weg ein krepiertes Stück Vieh abgehäutet und so Anstoß bei einer Hochzeitsgesellschaft erregt haben.

He is mit de Kopp
al in Auerk un mit
de Mors noch in Leer

C a m p e n (Gem. Krummhörn, Ldkr. Aurich)
't is hum entgleden, as de Köster van Campen dat Ei (oder: *de Camper Köster*).
→ Krummhörn

C a n u m (Warfendorf. Gem. Krummhörn, Ldkr. Aurich)
Neet wieder na d' Stadt (d.h. Emden) *as Canum.*
Dar kom' ji in de Supentapperee!
Supentapperee = Buttermilchschenke (ndl.: tapperij). Ein Beispiel dafür, wie Großbauern früher auf die Milchwirtschaft herabsahen. Supen war Buttermilch, Supentapper ein Bauer, der Milchwirtschaft und -handel betrieb, bzw. Milch, Buttermilch und Molke ,verzapfte' und verkaufte.
→ Krummhörn

C a r o l i n e n s i e l (Stadt / Ldkr. Wittmund)
Cliner Klockendeev'.
Die Carolinensieler sollen einmal aus dem Turm der Esenser Kirche eine Glocke gestohlen und sie nahe bei Carolinensiel in einem Kolk, Waal genannt, versenkt haben, als die Esenser sie verfolgten.

He weet sik to helpen as de Clinensieler Karktoornboer.
Es heißt: Als man den Baumeister der alten Carolinensieler ,Deichkirche' kritisierte, der Turm sei nicht hoch genug, baute er ihn kurzerhand auf den Deich.

Cliner Wind.
Carolinensiel war einst der bedeutendste Sielhafenort an der ostfriesischen Küste. Carolinensieler Schiffe befuhren die Weltmeere. Das Leben war eher städtisch als dörflich geprägt. Einwohner, die es sich erlauben konnten, ,machten viel Wind', sie trieben vergleichsweise viel Aufwand an Kleidung, Schmuck usw. (im Vergleich zum ärmeren Umland). Die Carolinensieler galten als lebhafter, weltoffener und kultivierter als ihre Harlinger Nachbarn.

Den Siel nennt man den ,windigen Siel', teils, ,weil der Wind hier sein Wesen besonders stark treibt, teils aber auch, weil es heißt, daß nichts als Wind hinter der Großspurigkeit und Lebensfreude seiner Bewohner stecke' (Ulfers: 5 f.).

C l e v e r n s (Stadt Jever, Ldkr. Friesland)
Clevernser Tuunsinger (Gartengrasmücken).

Bekannt ist ein zersungener Kettenreim über Jan van Cleverns, einen bösen Buben, dessen erste vier Zeilen lauten:
Jan van Cleverns, laat mi leven,
ik will di 'n mojen Piepvagel geven.
Piepvagel schall di Stroh dragen,
Stroh will wi de Bukoh geven usw.
Der Reim erinnert an das u.a. auch in Ostfriesland und den Niederlanden bekannte Lügenlied ,De Wind de weiht, de Hahn de kreiht...'.

C o l l i n g h o r s t (Gem. Rhauderfehn, Ldkr. Leer)
Hest du Döst?
Wenn die Frage bejaht wurde, hieß es:
Denn gah na Cöllnhöst,
dor is 'n lüttje Hundje,
de pißt di (wat) in 't Mundje!
Den Reim gibt es auch bezogen auf Neuemoor.

C r i t z u m (Gem. Jemgum, Ldkr. Leer)
Critz'm is 'n Puurgatt,
Millm is 'n Gatt,
Jem'm is al wat,
man Leer is 'n Stadt.
Die Verse über Critzum, Midlum, Jemgum und Leer sind vermutlich später den bekannten, älteren Reimen über die Orte in der → Krummhörn nachempfunden worden.

23

D e t e r n (Samtgem. Jümme, Ldkr. Leer)
Deetmer Klatten.
vgl. Potshausen Leyhe

D i e l e (Stadt Weener, Ldkr. Leer)
Kibbel-Diele.
Name eines Ortsteiles von Diele. Die Bewohner waren früher für
ihre Streitsucht bekannt.

D i t z u m (Gem. Jemgum, Ldkr. Leer)
Ditz(u)mer Paddegroobüxen.
Als die Ditzumer einst die Jemgumer bestehlen wollten, wurden
sie ertappt und flüchteten querfeldein und durch Gräben. Dabei
brachten sie an ihren Hosen reichlich Paddegroo (Wasserlinsen)
mit nach Hause.
Ditz(u)mer Langsteerten (Langschwänze).
Bedeutung unbekannt, vermutlich sexuell anzüglich.
Ditz(u)mer Pekelherengswieven (Heringsweiber).
Fischhändlerinnen waren allgemein bekannt für ihr loses Mund-
werk.
→ Emden, Greetsiel

Ditzum, Critzum, Jemgum,
van darher kummt Gerd-Ohm.
He sücht ut as de Dood van Ditzen (Ditzum) (oder: *Düvel van*
Ditzen).
Vermutlich in Analogie gebildet zum bekannten ‚Tod von Ypern'
(ndl.: utzien as de dood van Yeperen').

D i t z u m e r v e r l a a t (Gem. Jemgum, Ldkr. Leer)
Die Einwohner der Deichreihensiedlungen von Bunder- bis Dit-
zumerhammrich wurden *Verlaatjers* genannt.
→ Rheiderland

D o l l a r t (Meerbusen)
S(ch)nüffke, S(ch)nüffke, wor wohnst du?
Up d' Dullertdiek!
Wat deist dar?

Eiersöken!
Wat för een sall ik hebben?
't fuulste (oder: *'t schoonste*)
Frage- und Antwortspiel der Kinder. Dabei faßte das eine Kind das andere an die Nase (Snüffke). Noch im 19. Jahrhundert sammelte man im Frühjahr Eier, vor allem der Wasser-, Wat- und Sumpfvögel, für die menschliche Ernährung.

D o r n u m (Samtgem., Ldkr. Aurich)
→ Lütetsburg

D o r n u m e r s i e l (Samtgem. Dornum, Ldkr. Aurich)
Doormersieler Heerlichkeitskinner.
Kinderspott. Dornumersiel gehörte zur einstigen Herrlichkeit Dornum, ein vom ostfriesischen Grafenhaus unabhängiges Gebiet mit einer Reihe von Sonderrechten.

D u n u m (Samtgem. Esens, Ldkr. Wittmund)
Dun'mer (dicke) Deuters
heißt es in einem Harlinger Kirchspiellied. Die Dunumer besaßen dicke Deuten bzw. Deiten, d.h. viel Geld. Deit, Deut war die kleinste Münze.
→ Harlingerland

Dun'mers up buskleren Schoh (Holzschuhen).
Die Dunumer sollen dem einstigen benachbarten Klostergut Schoo zu Hand- und Spanndiensten verpflichtet gewesen sein (Sundermann).

E g e l s (Stadt / Ldkr. Aurich)
→ Aurich

E g g e l i n g e n (Stadt / Ldkr. Wittmund)
Eggeler Göse.
In der wasserreichen Umgebung wurden einst viele Gänse gezüchtet.

Eggeler Kantsitters (Randsitzer).
‚Randbewohner', vermutlich ‚weil Eggelingen auf der Grenze (Kante) des Harlinger- und Wangerlandes liegt' (Sundermann).
Dat geiht hen un her as de Padd na Eggeln.
Einst war der Ort nur durch einen Weg von Wittmund zu erreichen, der bei Regen kaum passierbar war. Dieser Weg führte kreuz und quer an den Grenzen der Ländereien entlang über Barums nach Eggelingen.

E m d e n (Kreisfreie Stadt)
Bis heute werden die Emder gern, vor allem von älteren Leeranern und Nordern, als *Emder Pottjekackers, -schieters* oder auch *Tünntjeschieters* bezeichnet. Dieser Spottname ist entstanden, da die Emder ihre Schmutzwasserkanalisation später fertiggestellt hatten als die Leeraner. Die Fäkalien wurden in einigen älteren Stadtteilen von Emden noch bis in die 1940er Jahre mit Tonnen (Tünntjes) entsorgt, die mit einem Tünntjewagen abgefahren wurden.
Seltener sagte man auch: *Emder Slickrutschker.*

In der Krummhörn hieß es, wenn das Gespräch auf Emden kam:
Hör mi up mit Emden!
Weetst, wat du darmit maken mußt?
Müür umto un vullschieten!

Die skatologischen Aussprüche und Namen sind sicherlich nicht nur aus der damaligen aktuellen Situation unterschiedlicher Fortschritte im Kanalisationsbau von Emden und Leer zu erklären. Dieser bösartige Lokalspott ist sicherlich entstanden durch die jahrhundertelange Dominanz der größten Stadt Ostfrieslands gegenüber ihrem Umland und vor allem gegenüber ihrer kleineren Rivalin an der Ems, der Stadt Leer.

Delftspucker/s nannte man die Müßiggänger, die sich noch in den ersten Jahrzehnten des 20. Jahrhunderts am Delft herumtrieben. Sie lebten von Gelegenheitsarbeiten und von der Armenfürsorge.

Emder Hafenbuttjers wurden ausgebombte Emder genannt, die im Zweiten Weltkrieg auf dem Lande einquartiert wurden. Buttjer war ein abwertendes Wort für Städter und bedeutete auch: Strolch, Grobian.

Das Schimpfwort *Stiefe Emders* soll gleichfalls in Leer aufgebracht worden sein.

Man sagte auch *Emder Buuskohlkoppen.*

Se bünd lüttjet, man se bünd lecker, seggt de Emder Grööntebuur (oder: *Wuddelbuur*).
In der Umgebung von Emden wird sehr viel und gutes Gemüse angebaut, vor allem Weißkohl (Buuskohl). Die Redensart bezieht sich ursprünglich auf die Redegabe des Gemüsehändlers, wenn Käufer die kleinen Kohlköpfe nicht so teuer bezahlen wollten wie die großen.

Kaum noch bekannt ist die Bezeichnung *Emder Törfdragers.* Man sagte:
Se bedragen sük as Emder Törfdragers (so ungehobelt).
Die Stadt war jahrhundertelang in ihrer Brennstoffversorgung abhängig von den Moorkolonisten, die ihren Torf per Schiff oder per Wagen nach Emden transportierten.

He kummt van Emden (oder: *is 'n Emder*), *Gott betert 't* (oder: *Gott sall 't wall geven*).
Der mögliche historische Hintergrund des Spruches ist: Die Emder wurden zur Fürstenzeit als unverbesserliche Rebellen angesehen, da sie sich häufig gegen die Auricher Landesherrschaft auflehnten.

He / se schimpt (oder: *schellt*) *as 'n Emder Fiskwiev.*
Das scharfe Mundwerk der Emder Fischhändlerinnen war sprichwörtlich.

Dar is 'n Kuutse vull Emders! Nu gifft 't (bold) Regen,
oder:
't gifft Regen, de Emders komen.

oder auch:
Och du leve Tied, sä de Buur, al weer 'n Kuutse vull Emders, …
Schon Fischart (16. Jhdt.) schrieb ähnlich über die Mönche:
Haltet die Münch zu hauß,
dann kommen sie auß,
wo regnets oder will anfangen drauß.

Emdern sagte man gleichfalls gern übertriebene Sparsamkeit nach. So hieß es:
De Kuutse barst, de Emders komen mit negen Mann.
Die Emder waren bekannt dafür, daß sie sonntags gern in Mietkutschen ausfuhren. Da sich möglichst viele Personen in eine Kutsche zwängten, war diese häufig zum Bersten voll. Einen übermäßig besetzten Personenwagen, aber auch einen übervollen Frachtwagen nannte man daher: *'n Emder Fracht.*

Lüst jo wat mittoeten, ik denk van 'Nee', seggen de Emders, um nicht teilen zu müssen, wenn Freunde sie beim Mittagessen überraschten. D.h. man unterstellt den (sprichwörtlich reichen und stolzen) Emdern mangelnde Gastfreundschaft (→ Norden). Für die angebliche Emder Sparsamkeit steht auch das *Emder Wulkje* (Emder Wölkchen), eine äußerst geringe Trübung des Tees durch wenige Tröpfchen Sahne.

Weitere Sprichwörter:
Emden is 'n Sluukhals ('Vielfraß'), *sä en Jung ut de Krummhörn, do harr he up 'n Emder Markt 'n Fief(t)ehalf* (4 ½ Stüver = ca. 25 Pfg.) *verslickert.*
Das Sagwort gibt es u.a. auch bezogen auf Bremen.

Dat kummt mi neet weer vör, sä de Mann, dat mien Frau starvt, un ik bün in Emden.

Jung, gah nich na Emden, dor hauen se di de Beenen of to Schaapsticken (um Pflöcke daraus zu schlagen, zum Anbinden der Schafe).

Der folgende Spruch nimmt Bezug auf das Rheiderländer Märchen 'De Schatt unner de Peerboom' (vdK / Sch 1993, Nr. 14). Ein Mann aus Marienchor erfährt auf der Rathausbrücke in Emden den Ort eines vergrabenen Schatzes.
Wullt du di wat wünsken?

Gah na Emden up de Lange Brügg (Rathausbrücke).
Dar kriggst du to een Wünsk so vööl
as annerwors to dusend.

Fritz Lottmann nennt Emden in seinem niederdeutschen Roman
‚Dat Hus sünner Lücht' *Poggenbörg.*

→ Ostfriesland

E m s (Fluß)
All Bate (Beitrag) *helpt, sä de Müggle, do pissde se* (*bi Groten
Steen* = am Großen Stein bei Leer) *in de Eemse* (oder: *in 't Meer*;
in de Dullert; *in 't Heff* [Wattenmeer]).
Dat is sovööl, as wenn 'n Müggle in de Eemse pißt (‚ein Tropfen
im Eimer').

E s e n s (Stadt / Ldkr. Wittmund)
Mit dem Ausruf
Mall (verrücktes)*Esens! Mall Esens!*
ärgerten die Wittmunder gern ihre Harlinger Nachbarn.
Die Esenser wurden früher, vor allem von den Wittmundern, auch
Hottentotten genannt, eine Benennung die ‚nicht sehr alt sein'
kann (Sundermann 1922: 142). → Wittmund

Im 19. Jahrhundert war auch die Redensart bekannt:
Um half darteihn Ühr is de Ketellapper to Esens utgahn (zu unbe-
kannter Stunde ist der Kesselflicker fortgegangen).
So hieß es noch um 1870, wenn jemand sich mit Geld aus dem
Staube gemacht hatte (Fries. Jb. 1870). Dahinter verbirgt sich fol-
gende Geschichte: Ein Zigeuner und Kesselflicker, den man in
Esens eingelocht hatte, entkam auf so mysteriöse Weise aus seiner
Zelle, daß man sich keinen Reim darauf zu machen wußte.

Wenn die älteren Harlingerländer - auch die Wittmunder - früher
eine Fahrkarte nach Esens lösen wollten, sagten sie: *Een Billett na
d' Stadt.* Esens war bis 1929 die einzige Stadt im Harlingerland.

E t z e l (Gem. Friedeburg, Ldkr. Wittmund) (gesprochen: Eetsel)
Die Etzeler wurden als *Eetseler Seerovers* bezeichnet. Jade und
Made waren vor Jahrhunderten Nebenarme der Weser und
Schlupfwinkel der Piraten, die bei den ostfriesischen Häuptlingen

gute Aufnahme fanden. Ob die Etzeler selbst sich tatsächlich als Piraten betätigt haben, ist historisch nicht belegt.

Eets'ler Timptoorn.
Ein seit langem nicht mehr vorhandener, spitz zulaufender Turm soll dort vor Zeiten gestanden und den Schiffern auf der Jade als Orientierung gedient haben.

E x t u m (Stadt / Ldkr. Aurich)
→ Aurich

So hangen de Engelkes
in d' Bagbander Kark

F e d d e r w a r d e n (Stadt Wilhelmshaven)
Ziefer(t)söker (‚Pfennigsucher')
heißen die Fedderwarder und auch die Waddewarder. Der Name
soll sich auf die Nährigkeit (Geschäftssinn, Sparsamkeit) der Einwohner beziehen. Wenn ihnen auch nur ein einziger Ziefert ver-
lorengegangen war, sollen sie so lange gesucht haben, bis sie diesen gefunden hatten, obwohl der Aufwand in keinem Verhältnis
zum Wert der Münze stand. Ziefer/t war in alter Zeit die kleinste
Münze.
Der zweite Spitzname ist *Strappenluker* (Haarzupfer).
Die Fedderwarder sollen den Sengwardern (oder: Sillenstedern)
einst eine Glocke gestohlen haben. Als sie diese mit einem Wagen
fortschafften, brachen auf halber Strecke die Stränge des Ge-
spanns. Da sollen die Fedderwarder ihren Pferden rasch die
Schwanzhaare ausgerissen und damit die Stränge verknüpft haben.
So kamen sie glücklich mit ihrer Beute nach Hause.

F e h n e und M o o r (allgemein)
Büst van 't Fehn un kennst mi neet?
Spöttische Frage, ohne daß der Gefragte vom Fehn stammen muß.
Man stellt die Frage auch mit anderen Orten, z.B. Firrel, Leer
usw.
Die Fehntjer, die nördlich des Königsmoores angesiedelt waren,
machten sich gern lustig über die südlich davon wohnenden
Overmöörkers (Brinkumer usw.) und deren Brejen. Brejen ist das
betonte Sprechen des Gaumen -r. Als Beispielsatz zitierten die
Fehntjer gern: *Kann 'k de Dreiher woll eben kriegen.*
Dreiher, ‚Dreher', war die Kurbel am Ziehbrunnen (Pütte), die
meistens abgezogen wurde, damit die Kinder nicht damit herum-
spielten.
In Firrel, Stiekelkamperfehn, Strackholt nannte man die Bewohner, die nördlich des angrenzenden Moores wohnten (z.B. in
Strudden) gleichfalls *Overmöörkers*.

Fehntjer Wind.
Dieser Spott war gängig in den benachbarten Bauerndörfern.
Gemeint war, daß die Fehntjer im allgemeinen etwas Besseres sein
wollten und sich auch entsprechend darstellten.

Fehntjer Krinthenkacker, Geizhälse, Kleinigkeitskrämer, allgemein abfällig.

Fehnbiggen oder *Fehntjer Biggen*, ‚Fehnferkel‘, nennt man scherzhaft die (jüngeren) Fehntjer, vor allem im nördlichen Ostfriesland.

Moorhahntjes, manchmal auch *-hahnkes* nennt man die Moorkolonisten, ein Ausdruck, der auch heute noch spöttisch für Menschen verwendet wird, die in den ehemaligen Moorgebieten zu Hause sind. *Moorhahntjes* wurden auch ‚aufsässige, leicht gereizte Leute‘ genannt (Sundermann 1922: 148). Ursprünglich waren *Moorhahntjes* bzw. *-henntjes* die niederdeutschen Namen für das seit Jahrzehnten in Ostfriesland ausgestorbene Birkwild.

Im 19. Jahrhundert bezeichnete man Moorkolonisten auch wohl als *Bookweitenschubberts* (Buchweizenpfannkuchen). Diese gängige Kost der Moorbewohner war nahrhaft, aber schwer verdaulich. Man nannte einen Moorkolonisten auch wohl: *'n Keerl mit 'n Bookweiten-Jickert* oder schlicht *Jan van 't Moor*. Die Kleidung der ärmlicheren Moorkolonisten war aus grobem Garn gewebt, so daß sie gekörnt wirkte, zudem war sie bräunlich gefärbt wie der Buchweizen.

Wenn du en Frau van 't Fehn hest, bruukst kien Hund.
Die Redensart hat einen realen Hintergrund. Zahlreiche Seeleute stammten von den Fehnen, daher mußten die Frauen während der langen Reisen der Männer ihren Mann stehen. Vgl. Firrel

Wahrt jo Tuffels, komen Lü in 't Moor
hieß es um 1830 bei den Hollener Bauern, als die benachbarten Fehne (Nord-, Südgeorgsfehn [1825] und Holterfehn [1829]) gegründet wurden.
Die zumeist sehr armen Kolonisten standen im Verdacht, daß sie aus purer Not Felddiebstähle begingen.

All wat van 't Fehn kummt, dat suppt, dat suppt, dat suppt,
Un wenn wi duun bünd, dann gahn wi slapen
Un wenn wi slapen gahn, dann bün' wi duun
(die letzten beiden Zeilen werden wiederholt).
Das Lied wird gern auch heute noch bei Festen und Feiern auf den Fehnen gesungen, häufig wird nur die erste Zeile zitiert.

Brand in 't Fehn (Dörp) un doch kien Füür (Der Name eines Lehrers war Brand[t]).

F e l d e (Gem. Großefehn, Ldkr. Aurich)
→ Timmel

F i l s u m (Samtgem. Jümme, Ldkr. Leer)
In Fils 'm hebben s' de Swien so dick,
de Fils 'mer Buren, de mögen woll 'n Stück,
um dat s' de Swiene so verehrt
sünd s' ok woll de dicke Swiene wert.

F i r r e l (Samtgem. Hesel, Ldkr. Leer)
Allgemein sagte man in den Nachbarorten, daß in Firrel ein besonderer Menschenschlag wohne, ganz anders als die andern. Es hieß:
't gifft dree Soorten Minsken: Goden un slechten un - Firrelers.

't gifft Slauen, un 't gifft heel Slauen, un 't gifft Firrrelers.

All wat wat is, kummt van Firrel.

Die Firreler Frauen seien besonders widerspenstig und schlagfertig, hieß es vor allem in den benachbarten Ortschaften (Schwerinsdorf, Neufirrel, Neuemoor, Fiebing). Ein Kind sagte einst von seiner Familie: *Wi sünd all mit uns egen Volk, blot Moder nich, de is van Firrel.*
Man sagte auch: *Ik bruuk kien Hund, ik hebb 'n Frau* (oder: *'n Wiev) van Firrel.* Dieser Spott wird andernorts noch verstärkt durch die Aussage, in diesem Ort gäbe es keine Hunde, da dort die Frauen bellten. Vgl. Fehne und Moor

Firrelers hebbt lebennig Blöömpotten.
In Ostfriesland heißt es allgemein, wenn Neugierige am Fenster stehen: *Dar stahn lebennige Blööm* bzw. *Blöömpotten achter de Fensters.*

Jungvolk is so darten, sä de Firrelker, do tillde he sien Peerd bi de Steert up.

Kaiser von Firrel.
Ein häufiger Familienname in Firrel ist bis heute Keiser bzw.

Kaiser. Dazu wird die folgende Anekdote erzählt, die vom Selbstbewußtsein der Firreler zeugt.

Der Alte Fritz fuhr einst mit seiner Kutsche von Leer nach Aurich. Die Straße war damals noch recht schmal und erlaubte keinen Gegenverkehr. Auf der Höhe von Bagband kam ein Bauernwagen entgegen. Der König beugte sich aus dem Fenster und rief: ‚Macht Platz! Ich bin der König von Preußen.‘ Da erhielt er zur Antwort: ‚Und ich bin Kaiser von Firrel!‘

Firreler Klatten,
mit Kohschiet achter de Hacken.

Firrel, du altes Kaff, hast nicht mal 'ne Gastwirtschaft!
Spott der Schwerinsdorfer. Eine Gastwirtschaft hat sich in Firrel nur zeitweilig halten können.

Kummst van Firrel un kennst mi nich?

'n Firrelker för Törf
nannte man ein kleines Fuder Torf, das die vorgeschriebene Anzahl Körbe (teihn Meetkörven) nicht zu enthalten brauchte.

Firreler Stipp
nannte man eine einfache Soße aus Mehl und Wassser (seltener Milch) und wenigen Speckwürfeln, die in Firrel zum Essen gereicht wurde, zu der Zeit, als der Ort noch eine arme Moorkolonie war.
→ Neufirrel

F l a c h s m e e r (Gem. Westoverledingen, Ldkr. Leer)
Wat kann van Flaßmeer dann al Goods komen?

Up d' Zegenpoller is 't so sünig, dar mutten de Zegen sük noch an 'n Boom stönen, anners breken se binanner.
Auf dem ‚Ziegenpolder‘ ist es so karg, daß selbst die Ziegen sich an einen Baum lehnen müssen, um nicht zusammenzubrechen.
Zegenpoller = Gegend um Flachsmeer / Steenfelderfeld.

F r e e p s u m (Gem. Krummhörn, Ldkr. Aurich)
→ Krummhörn

F u n n i x (Stadt / Ldkr. Wittmund)
Funkser Weihslabbers (Molkenschlürfer).
Anspielung auf die angebliche Sparsamkeit der Funnixer.
He is so fast in 't Verband (zusammengefügt, ‚beisammen') *as de Kark to Funnix in 't Harlingerland.*

Der Name Funnix wird u.a. so erklärt:
En Funkser harr sien golden Ring verloren, he söch jahrenlang un funn nix.
Vgl. auch: vdK / Sch 2003, Nr. 329 1, 2

Barkholter Schotthasen

G r e e t s i e l (Gem. Krummhörn, Ldkr. Aurich)
Greetsieler Pekelheringswieven (Heringsweiber).
Vgl. Ditzum, Emden

Waar ruttert de Karr?
Up de Hau'ner Straat! (Straße nach Hauen)
Die besonders breit gesprochene Greetsieler Ortsmundart wurde
gern von den Nachbarn, wie z.b. den Pilsumern, mit diesem Satz
nachgeäfft, der besonders breit gesprochen wurde.

Tüsken Greet(siel) un Middelstewehr
stahn twee olle Wieven.
Se lopen beide glieke fell,
un könen 'nanner neet kriegen.
Rätsel. Antwort: Die Greetsieler ‚Zwillingsmühlen‘.

G r o o t h u s e n (Gem. Krummhörn, Ldkr. Aurich)
→ Krummhörn

G r o ß M i d l u m (Warfendorf, Gem. Hinte, Ldkr. Aurich)
De Midlumer Klatten
hangen bi de Latten,
se freten de Lusen
bi Hunnert un Dusend.
Lattenhanger, Lusenfreter = Hungerleider u.ä. Die Dopplung soll
die Aussage verstärken.

G r o ß e f e h n (Gemeinde, Ldkr. Aurich)
Grootfehntjer Wind.
Mit diesem Spott bedachten die Bewohner der umliegenden Moor-
kolonien die Großefehner, die allgemein als reich galten, da sie als
Kapitäne, Werftbesitzer u.a. mehr Prunk und Staat zeigen konn-
ten, als ihre ärmeren Nachbarn.

Du kummst na Grootfehn!
warnte man früher Kinder, wenn sie nicht gehorchen wollten.
Großefehn war seit 1865 Sitz eines Heimes für schwer erziehbare
Kinder, des Ostfriesischen Rettungshauses (heute: Leinerstift).
Zuweilen wurde diese Warnung noch verschärft durch die Dro-
hung:

Du kummst mit de Spiekerkarr na Grootfehn! (mit einem Wagen, dessen Boden mit Nägeln bestückt ist).

Über Müllers Kornwindmühle in Ostgroßefehn gab es einen Reim, den die Kinder sangen. Die Kunden des Müllers wurden noch um 1900 teilweise mit dem Boot beliefert.

Morgenrot, Morgenrot,
Hey-Ohm kummt mit 't Müllers Boot!
All ole Wiev', de stahnt up d' Deel,
Hey-Ohm kummt mit 't Garstenmehl!

Hey-Ohm = Heye Janssen Müller

Ein abseits gelegener Teil von Großefehn hieß noch um 1900: *Hunnemakeree.*
Vgl. Hundsteert, Völlenerkönigsfehn

G r o ß h e i d e (Gem., Ldkr. Aurich)
Grootheider Fievschaft.
In der Umgebung von Großheide gab es früher viel Schafzucht. Als Fievschaft bezeichnete man einen dauerhaften, halbwollenen Stoff (Atlasgewebe), der mit 5 Schäften gewebt wurde und zumeist braun oder schwarz gefärbt war.

G r o ß w o l d e, G r o ß w o l d e r f e l d (Gem. Westoverledingen, Ldkr. Leer)
→ Ihren

H a g e (Samtgem., Ldkr. Aurich)
Hager Kaaen (Dohlen).
Im hohen Hager Kirchturm haben zahlreiche Dohlen ihre Nester.

Am bekanntesten ist der Reim:
In Hag'
is anners nix as Kummer un Plag'.
De nix hett un kann nix kriegen,
de laat blot (oder: *man*) *to Hag' utblieven.*
Die dritte und vierte Zeile lauten auch:
He leevt as de Heer van Hage,
draagt sien moi Kleed alle Dage.
Vgl. Boekzetelerfehn, Norden, Remels, Timmel, Ulbargen

Man sagte auch:
He is al in Hage (auch wohl: *bi de geele School.* Diese Schule lag
nahe bei Hage), d.h.: er schläft schon.

In Fritz Lottmanns plattdeutschem Roman ‚Dat Hus sünner
Lücht' wird Hage *Holtum* genannt.

H a g e r m a r s c h (Samtgem. Hage, Ldkr. Aurich)
Kinner! Is de Welt doch grood: Heel Hagermarsk un Theener, un
achter d' Diek stahn ok noch Husen.
Der Spruch, der gern spöttisch von Nordern verwendet wurde,
wenn sie von der Stadt ostwärts fuhren, erinnert an das bekannte
Sagwort: *Wat is de Welt doch grood, sä de Jung, do kwamm he*
to 'n eersten Mal achter de Kohltuun.

H a m s w e h r u m (Gem. Krummhörn, Ldkr. Aurich)
Hamswehrumer Krinthenmehlpüüt (Korinthenmehlkloß).
Frömmlerischer Betkreis in Hamswehrum
→ Krummhörn

H a r l i n g e r l a n d
Das Harlingerland (vor allem die einstige Herrschaft Esens) nannte man einst scherzhaft-spöttisch *Stußland*, seine Bewohner *Stuß-*
lanners. Man spottete: *Dat kann man di neet ansehn, dat du ut*
Stußland büst. Als Stuss/e wird ein stupider, dämlicher, unbehol-
fener Mensch, ein ungehobelter Klotz bezeichnet.

Es heißt auch: *Die Harlinger lieben Stuss* (Dummheiten, auch: Grobheiten) *und Spaß. Sie sind die Rheinländer unter den Ostfriesen.*

Man nannte die Harlingerländer (Ldkr. Wittmund), vor allem im südlichen Teil des Kreises Aurich, auch wohl *Overmoormers,* da sie früher durch große Moore vom übrigen Ostfriesland getrennt waren.

Man sagt: *De Harlingers de sünd Ketzers, aber kien slechte Minsken* und spricht auch eher scherzhaft von den *gottlosen Harlingern.* Die Harlinger waren gleichfalls für ihre Rauf- und Streitlust bekannt.

Über die Einwohner von Dörfern im Harlingerland hieß es einst:
Dunumer dicke Deuters,
Negenbarger Fleuters,
Warnsather Junkers,
Burhafer Prunkers,
Upsteder Develn,
Abensters loopt mit Zedels un Breveln.
Diese Fassung des Harlinger Kirchspielreimes wurde 1874 von Hermann Meier notiert. In einer von Friedrich Sundermann 1922 veröffentlichten Fassung heißt es abweichend: *Abenster Deev...* bzw. *Upsteders loopt...* Erklärungen → einzelne Orte

Die Harlingerländer neckt man auch gern wegen ihrer ‚grünen‘ Sprechweise, die vom allgemein gesprochenen ostfriesischen Platt stark abweicht, und äfft die auffallenderen Wörter nach. Im Harlingerland bildet man z.B. den Plural einer Reihe von Wörtern anders als im übrigen Ostfriesland. So sagt man für:

Hunde	Hünn	statt Hunnen
Mäuse	Müüs	statt Musen
Häuser	Hüüs	statt Husen
Bäume	Bööm	statt Bomen usw.

Man sagte den Leuten im Harlingerland auch nach, daß sie dem Kartenspiel verfallen seien und gern und hoch spielten. Zum Beweis dienten die Redensarten:
Dree Kaart, dree Sack Weit.
oder:
Dree Kaart, dree Ossen ...

H a t z u m (Gem. Jemgum, Ldkr. Leer)
Hatz'mer Kattenjagers.
So nannten die Ditzumer ihre Hatzumer Nachbarn. Man sprach auch von *Hatz'mer Kattenjagd.* Das heute kaum noch bekannte Wort bedeutet ‚lautes Lärmen und Jagen liederlicher (jüngerer) Kerle und Weibsleute'. Bei dieser negativen Bewertung sollte man die strengeren Sitten und Moralauffassungen des 19. Jahrhunderts berücksichtigen.

H a x t u m (Stadt / Ldkr. Aurich)
→ Aurich

H e i s f e l d e (Stadt Leer)
Heisfeldmer Zement.
Minderwertiger, magerer Zement, dem zuviel Zuschlag (Sand aus den früheren van Hoornschen Kiesgruben in Heisfelde) beigemischt war, wie es gleich nach dem Zweiten Weltkrieg üblich war. Man sagte: *'n Bült Sand un 'n bietje (mager) Kalk. Dat is Heisfeldmer Zement* hieß es bei minderwertiger Bauausfühung. Den Begriff kennen heute nur noch ältere Leute. Vgl. Veenhusen

Heisfeldmer Sprudel nennt man das Leeraner Leitungswasser. Das Wasserwerk von Leer steht im Leeraner Ortsteil Heisfelde.

H e p p e n s (Stadt Wilhelmshaven)
Die Einwohner wurden *Heppenser Mehlbüdels* genannt. Man sagte auch: *In Heppens is de Mehlbüdel gar.* Dazu werden zwei Geschichten erzählt: Bei einer Hochzeit hatte die Frau des Hochzeitsbitters Weizenmehl gestohlen und schüttete es in einen Beutel, den sie unter ihre Röcke band. Beim Tanz rieselte das Mehl nach und nach unter den Röcken zu Boden.
In Heppens wollte man einmal einen Mehlkloß zubereiten. Man band - wie üblich - den Leinenbeutel mit dem Teig an den Griff des Topfdeckels und hängte ihn in den Topf, in dem das übrige Essen gekocht wurde, damit der Kloß im Dampf garte. Die Heppenser aber ließen de Kloß so lange im Topf, bis der Beutel zerkocht, der Kloß herausgefallen und steinhart geworden war.

Canem is 'n Kinkkank

H e s e l (Samtgem., Ldkr. Leer)
Heseler Struukrovers (Strauchdiebe).

Weet ji woll, wor Hesel liggt?
Hesel liggt in 't Runne;
Hesel is dat Supers-Loog,
dor suppt dat (Jung)volk as Hunne.

H i n t e (Gemeinde, Ldkr. Aurich)
Weet ji woll, wat Hinte is?
Hinte is 'n Loog,
un wenn mien Bröör up Schöfels (oder: *na Hinte) geiht,*
dann bün ik blied genoog.
De Hinter Pepernöten,
dat sünd so krüdig söten.

Man moot alls utproberen, sä Jan Kluun,
do pootde he 'n Rieg Hinter Pepernöten in sien Tuun.
Hinter Pfeffernüsse galten als die besten in Ostfriesland, da sie
größer und besonders würzig waren. Es gab aber auch noch u.a.
Haxtumer, Uphuser, Upganter Pepernöten, die sich nach Ge-
schmack und Größe unterschieden.

He hett sük versehn as de Backer to Hinte, de anstatt Brood sien
Wiev in d' Ovend schoov.

H o h e n k i r c h e n (Gem. Wangerland, Ldkr. Friesland)
Man sagte einst, daß die Hohenkirchener nicht nur ihren Kopf
sehr hoch trügen und sich besser dünkten als ihre Nachbarn, sondern sich selbst beim Wasserlassen hervortäten als *Hoogmiegers*
(Hochpinkler).

H o l l e n (Gem. Uplengen, Ldkr. Leer)
Hollen mutt noch vör Hoffart unnergahn, sä de Paap, as der al
weer en Buur mit nee Klumpen in de Kark kwamm.
oder auch:
Hollen, Hollen, Hollen sall för Hoffart unnergahn,
wiel se mit de neje Klumpen na d' Kark hengahn,
wiel de ollen noch good weern.

H o l t g a s t e (Gem. Jemgum, Ldkr. Leer)
Holtgast', hollt fast!

H o l t l a n d (Samtgem. Hesel, Ldkr. Leer)
Holtlander Klatten,
mit Speck an d' Hacken,
mit Solt up d' Steert
sünd nix mehr wert.

H o l t r i e m (Samtgem., Ldkr. Wittmund)
Holtriemer Knüppels.
Die Holtriemer waren einst bekannt für ihr ,strammes Drein-
hauen' mit Knüppeln, die sie gern bei Ausgängen mitführten, so
z.b. auch beim Klootschießen. Die Knüppel waren mit einem
Lederriemen fest mit dem Handgelenk verbunden. Vgl. Marienhafe.
Bekannt geworden sind die Holtriemer auch durch den *Holtriemer Stüverkrieg*. Die Harlingerländer wandten sich in diesem
,Krieg', de facto regionalen bewaffneten Tumulten, vor allem
gegen die von der damaligen holländischen Obrigkeit (1809) festgesetzten Abgaben, wie z.B. eine ,Kopfsteuer' von 1 Stüver (damals ca. 5 Pfennig), daher der Name ,Stüverkrieg'.
→ Harlingerland, Marienhafe, Minsen

Man sagt auch:
Holtriemers hebbt scharp Taskendöker in d' Task
damit war ein Messer gemeint, daß die Holtriemer früher griffbe-
reit in der Tasche getragen haben sollen.
→ Ardorf

H o o k s i e l (Gem. Wangerland, Ldkr. Friesland)
Hooksieler Fahlfangers.
Die Hooksieler wollten einst fischen und beschlossen, der letzte
Fang sollte für die Armen sein. Als sie nun das letzte Netz einzo-
gen, erschien es ihnen ungewöhnlich schwer. Da sagten sie: ,De
Gaav is to groot' und beschlossen, den Fang für sich zu behalten.
Als sie aber nachsahen, hatten sie ein totes Fohlen im Netz. Wollte
man früher die Hooksieler kränken, pflegte man zu sagen: *De
Gaav is to groot.*

H o p e l s (Gem. Friedeburg, Ldkr. Wittmund)
Die Buchweizenernte der ersten Kolonisten mißriet nicht selten durch Nässe oder Frost. Dazu ist das folgende Zwiegespräch überliefert:
Wo geiht Harm dat?
Slecht!
So, wat maakt he denn?
He is na 't Hopelster Moor, to Kattschiet dösken.
(Hg / Sch 1992: 181)

H o r s t e n (Gem. Friedeburg, Ldkr. Wittmund)
Horster Ührwark.
Ein weitbekannter Horster Dorfprophet, der auf der ostfriesisch-oldenburgischen Grenze im ‚Wachthuus‘ wohnte, soll einst Horsten den Untergang des Ortes durch Brand prophezeit haben, wobei die Turmuhr nachts zwölf schlagen werde. Um dieses Unglück zu verhindern, beschlossen die Horster, das Uhrwerk abzunehmen, damit es nicht schlagen könne.

Hörster Seerovers.
Um 1600 klagten Emder Kaufleute, daß Horster Bauern und selbst der Pastor, den Emdern geraubte Waren aus dem aufgebrachten Schiff des Seeräubers Jacob Thomas geborgen und versteckt hätten.

Gah hen na Hörsten un lehr 't Beden.
Fluch
Vgl. Etzel

H u n d s t e e r t (Gem. Schortens, Ldkr. Friesland)
Der Name *Hundsteert* (Hundeschwanz) scheint früher ein allgemeiner Scherzname für eine abgelegene, armselige Gegend gewesen sein. Man denke an das hochdeutsche ‚Am Arsch der Welt‘ als Ausdruck für ‚sehr abgelegen‘. Möglicherweise rührt der Name, der zeitweilig auch bei anderen Moorsiedlungen zu finden war, ursprünglich daher, daß die zumeist armen Einwohner dieser Orte Hunde zum Ziehen ihrer Karren verwendeten.
Vgl. Großefehn, Völlenerkönigsfehn

I d a f e h n (Gem. Ostrhauderfehn, Ldkr. Leer)
In Ostrhauderfehn pflegte man über die Nachbargemeinde zu spotten:
Was kann von Ida Gutes kommen?

I h r e n (Gem. Westoverledingen, Ldkr. Leer)
In Ihren,
wor de Swien' gieren,
wor de Kalver blarren,
wor de oll' Wieven gnarren.

Die Bewohner von Ihren neckte man auch mit dem Reim:
Ihrsker Pickelpoggen (Kaulquappen)
stehlen de Feldmers (Großwolderfelder)
de Sömmerroggen,
stehlen de Woldmers (Großwolder)
de fette Koh
un drieven se na Ihren to.

Ihren is 'n Stadt,
hett sövenundartig Straten.
Eine Straße in Großwolde heißt bis heute ‚Achterstadt'.

Ihren (Irren) *ist menschlich, Ihrhove ist unmenschlich.*

I h r e n e r f e l d (Gem. Westoverledingen, Ldkr. Leer)
Die Bewohner wurden *Feldjers* oder auch wohl *de van d' Busk* genannt.

I h r h o v e (Gem. Westoverledingen, Ldkr. Leer)
wird plattdeutsch *Jiroov*, meistens aber auch gern *Jericho* genannt.

Jirover Naatsacken (Geizhälse).

Als *dat Handtaskenvolk* bezeichnete man in den Nachbarorten die Ihrhover/innen, da sie sich besser dünkten und kleideten.

I n s e l n, Ost- und Westfriesische
Bei der einstigen Abgeschlossenheit der Inseln und der engbegrenzten Umwelt der Insulaner, blieb vor allem für die Frauen -

denn die Männer fuhren meistens zur See - manches fremd und unbekannt, was für die Festlandbewohner alltäglich war. Ähnlich wie die Harlingerländer galten daher auch die Insulaner als dumm und einfältig. Der Stedesdorfer Pastor Johannes Cadovius Müller (1650-1725) hat in seinem ‚Memoriale linguae frisicae' (1691), einer Bestandsaufnahme des heute ausgestorbenen Harlinger Friesisch, zahlreiche Anekdoten überliefert, welche die angebliche Einfalt der Insulaner (vor allem der Wangerooger) widerspiegeln sollten (vgl. auch vdK / Sch 1993, Nr. 108).

Über den auf den Inseln einst überaus häufigen Vornamen Klaas gab es einen Spottreim:
Up 't Eiland Baas! heten 's al mit 'nanner Klaas.
Klaas hest mien Klaas ok sehn?
Ja Klaas, dien Klaas un mien Klaas sünd mit 'nanner na Klaas
Klaasen sien Klaas.

't geiht de Eilanders as de Gosen: se lopen all' achternanner an.
oder:
Se lopen achternanner an, as de Eilanders un de Gosen.
Früher gab es auf den Inseln nur schmale Fußwege, so daß die Insulaner hintereinander, ‚im Gänsemarsch', gehen mußten.

He paart se as de Eilanders de Gosen.

De Eilanders lopen vööltieds
up Sanden un Stranden*,
dör Dünen un Dollen (Täler).
* auf der Suche nach Strandgut, bzw. nach Vogeleiern in den Dünentälern.

Wat is 't 'n Eilandsleven!

't geiht der nargends maller her as in de Welt un up 't Eiland.

Up 'n Backschöffel van Langeoog na Spiekeroog tolangen.
Friedrich Sundermann, ostfriesischer Volkskundler, erklärt die Redensart 1922 so: Die Inseln sollen ‚in alter Zeit einander so nahe gelegen haben', daß man sich ‚das Brot auf einer Backschaufel' über das Wasser habe zureichen können. Der ostfriesische Chronist Ulrich von Werdum schreibt um 1670: Die Inseln Langeoog und Spiekeroog seien einst vom Festland (!) durch ein so schmales Rinnsal getrennt, daß die Einwohner beider Ufer sich

gegenseitig das an einer Stange der Bäckerei befestigte Brot hätten herüberreichen können. Damals sei diese mündliche Überlieferung noch lebendig gewesen.

De See hett de Eilanners al mehr as eenmal de Ogen utwusken (Tränen, die geflossen sind, beim Seemannstod manchen Insulaners).

Schipp up Strand. Mit diesem Ruf verspottete man einst die Insulaner. Es gibt zahlreiche Schwänke von den Insulanern (vor allem den Juistern), die Petrus wegen ihrer Vergangenheit und ihres ungebührlichen Benehmens nicht im Himmel behalten wollte. Auf den Ruf ‚Schipp up Strand' verließen sie flugs wieder das Paradies, um das Strandgut zu bergen (vdK / Sch 1993, Nr. 163). Ähnlich wird u.a. auch erzählt von den Helgoländern, die beim ersten Erscheinen der Schnepfen sogleich aus der Kirche stürzten und munter die Vogeljagd begannen. Vgl. Minsen.

Tagesgäste wurde insgeheim abfällig *Eintagsfliegen* oder auch *Salamanders* genannt, da sie früher häufig Salamander-Schuhkartons mit sich führten. Gäste, die nur einige wenige Tage blieben, wurden *Beddenverknüllers* genannt (Spiekeroog).

Die folgenden bekannten Reime über die Inseln waren ursprünglich Arbeitslieder, die von den Matrosen beim Gangspill (aufrechtstehende Winde) gesungen wurden, z.B. beim Einholen des Ankers oder beim Laden und Löschen. Die Reime sind meistens in einem Gemisch aus Niederdeutsch und Niederländisch gehalten. Sie waren zugleich Merkverse für die Reihenfolge der Inseln und sind in zahlreichen leicht unterschiedlichen Varianten überliefert. Die ‚schmückenden Beiwörter' der Inselnamen sind manchmal sicherlich zurückzuführen auf die Sym- oder Antipathien des jeweiligen Vorsängers.
Der oldenburgische Lehrer und Schriftsteller Karl Strackerjan (1819-1889) nimmt an, daß die Reihenfolge der Inseln von Osten nach Westen ein Hinweis sein könnte, daß die Verse ursprünglich an der Unterweser entstanden seien (Niederdt. Korrespondenzblatt 6/1880: 71).
Der Sinn der hier nicht erklärten Verse ließ sich bereits im 19. Jahrhundert nicht mehr erschließen, die Aussagen sind ganz

gewiß nicht selten dem Reim geschuldet (vgl. Kern / Willms 1876: 15).

Wangeroog, de Schone,
Spiekeroog, de Krone,
Langeoog is 'n Botterfatt,
Baltrum is 'n Sandfatt (oder: *Sandstadt*),
Nördernee (fr)ett man sük (man) halfsatt (oder: *dat Roverland*),
Juist is dat Töverland (oder: *Toverland*),
de Börk'mers melken (de) Kohjen.
Un bruken hör Schiet as Brand (oder: *Dreck to Brand*, oder auch: *un schiet 't hör Brand*).
Röttumoog, dat Eierland,
Münkeoog, dat Beierland.
De Amelander Schalken
hebben stohlen dree Balken,
's avends in de Maneschien.
De Galg, de sall hör Wapen sien.
Terschelling steiht (staat) 'n hogen Toorn,
Vlieland hett (hefft) sien Naam verloorn,
Tessel liggt in 't Seegatt,
de Lü van de Heller seggt dat.
oder 2. Teil auch :
Rottum is 'n kleen Eiland,
Schiermonnigkoog is wellbemannt,
Amelander Schalken
stohlen dree Balken,
Wel 'savends in de Maneschien:
Dat sall hör Wapen in de Flag woll sien.
Terschelling staat 'n hogen Toren,
Vlyland hefft sien Naam verloren.
Tessel is 'n groot Seegatt:
De Kraihen (oder: *de Lü*) *van den Helder, de seggen dat.*
Heller = Den Helder; Münkeoog = Schiermonnigkoog; Röttumoog = Rottumeroog; Tessel = Texel
Das Amelander Wappen zeigt einen Halbmond und drei Balken.

Die Reime sind auch häufig überliefert - wie der folgende von der Insel Baltrum - ohne die eigentlich dazugehörigen Verse über die Westfriesischen Inseln.

Wangeroog hett 'n hoge Toren,
Spiekeroog hett sien Naam verloren,
Langeoog is noch wat,
Balterm (Baltrum) *is 'n klene Stadt* (oder: *Sandfatt*),
Nördernee frett sük half satt,
up de Juist
bünd alle Kohjen güst.
oder auch ab 5. Zeile:
up Nördernee
dar gifft noch 'n S(ch)leev vull Bree.
Man koom wi up de Juist,
sünd alle Kohjen güst.
Un komen wi up Börkum,
dar steken s' een mit Förken.

Zuweilen werden auch noch die beiden Zeilen angefügt:
Den enen mit 'n Finger, den annern mit de Fuust.
Warum bliffst du Schelm nich in dien egen Huus?

Auf Norderney hieß es:
Wangeroog hett 'n hoge Toorn,
Spiekeroog hett sien Naam verloorn,
Langeoog - de lange Strand,
Baltrum is 'n Bohntjeland,
Nördernee - de halve Stadt.
De Juister eten sük halv satt,
man kamen wi na Börkem,
dar steken s' sük mit Förken. (Abzählreim)
Bohntjeland = Hinweis auf früheren Bohnenanbau
eten sük halv satt = Hinweis auf die einstige Armut
→ Baltrum

Die Finkenwerder und auch die Engländer waren im 19. Jahrhundert scharfe Konkurrenten der ostfriesischen Fischer. Das Hauptfanggebiet der Finkenwerder reichte von Wangerooge bis Juist, und darauf zielt der folgende Reim, den der bekannte Schriftsteller Gorch Fock (1880-1916) überliefert hat. Der Reim wurde auch beim Rammen gesungen.
Wangeroog, du hoge Toorn,
Spiekeroog hett 'n Naam verlurn,

Langeoog, dat lange Land,
Westeree (Baltrum), *de Jammerstrand,*
Nurdernee, de scheune Stadt,
Juist, de seggt: Ik schiet di wat!

Der folgenden Merksatz über die Reihenfolge der Inseln von Ost nach West, ist seit Jahrzehnten, vor allem außerhalb Ostfrieslands (z. B. an der Unterweser) sehr bekannt:
Welcher Seemann liegt bei Nanni im Bett?

W = Wangerooge, S = Spiekeroog, L = Langeoog, B = Baltrum, N = Norderney, I = J = Juist, B = Borkum.

I s u m s (Groß-Isums u. Klein-Isums, Stadt / Ldkr. Wittmund)
Is'mer Blaffers (Großmäuler, Kläffer).

Cliner Wind

J a d e b u s e n (durch Meereseinbruch entstandene Bucht)
Ik wull, dat du in de Jaa dreevst! (Verwünschung)

J e m g u m (Gemeinde, Ldkr. Leer)
Jipp-Japp
ist ein heute bekannter Scherzname für Jemgum. Auch Fritz Lottmann nennt den Ort in seinem niederdeutschen Roman ‚Dat Hus sünner Lücht‘ *Jipjap*.

Die folgenden, heute noch gern zitierten Reime stammen aus dem 19. Jahrhundert.
Jemgum, ach du armer Wurm,
hast drei Mühlen und einen Turm,
einen Hafen und ’ne Werft,
hast du noch dazu geerbt.
Doch ich hätte bald vergessen
von dem (!) Jemgumer Fähr’ zu sprechen.
Denn es ist ein wahr Pläsier,
stehn beim Fähr’ zu warten hier.
Der Ort hatte im 19. Jahrhundert zeitweilig drei Mühlen (je eine Säge-, Korn- und Peldemühle sowie eine Roggenmühle. Pelden = Enthülsen der Gerste) und bis etwa 1870 eine Schiffswerft, auf der vor allem kleinere Binnenschiffe, aber auch eine Brigg gebaut wurden. Es hieß auch:
Jemgum, Jemgum,
du armer Wurm,
hast zwei (oder: *drei*) *Mühlen*
und nur einen Turm.
oder auch letzte Zeile:
… aber keinen Turm (als 1816 der alte baufällige Kirchturm abgerissen und ein neuer erst 1846 gebaut wurde).

Kinder neckte man gern mit der Frage: *Wullt mit mi na d’ Müggenmarkt?* (traditioneller Jemgumer Krammarkt, jeweils am 2. Wochenende im August). Auf die bejahende Frage hieß es: *Kriggst en dicke Brummer an ’t Tau.* Vgl. Aurich, Bargebur

J e v e r (Stadt / Ldkr. Friesland)
Krunkel (zerknittere)*mi de Kraag neet, ik bün van Je(i)ver.*
oder:

Büst du van Je(i)ver, dat du bang büst, ik krunkel di de Kraag.
Der Satz soll für den angeblichen Stolz und die übertriebene Feinheit der Jeveraner stehen.

Die jeversche Mundart wird verspottet mit dem Satz:
Ik Sünder ut Je(i)ver.
Sünder soll heißen: sün der (bin da). Man spricht dort: ik sün, du büst, he is usw.

Einer der ältesten Spottreime der Region, der sich gegen die Feinde des Grafen Edzard richtet, wurde von den Landsknechten gesungen zu Beginn der Sächsischen Fehde (1514-1518). Dabei werden zugleich landschaftliche Eigenarten mitgeteilt:
De grave van Oldenborch in den Mey,
Christoffer van Jever in dem kley,
Hero Omken in den boenen,
Grave Edzardt werdt idt juw hirna noch lonen.
Beninga 1: 494
Mey = Maiengrün; kley = Marschboden; boenen = Feldbohnen

Das frühere Kfz-Kennzeichen JEV für den Landkreis Friesland wurde gedeutet als: *Jeder ein Verrückter* oder *Jeder ein Verbrecher.* Die zweite Interpretation bezieht sich auf die angeblich bescheidene Fahrkunst der Jeverländer.

J u i s t (Inselgem., Ldkr. Aurich)
wird auch heute noch gern das *Tover-* oder *Töverland* genannt, das Zauberland oder auch Land der Zauberer (fälschlich auch wohl *Roverland*), nach einem Vers in dem Reim über die Ostfriesischen → Inseln.
Historisch belegt ist: Im Jahre 1590 wurden in Norden noch drei ,Toversche' (Hexen) von der Insel Juist verbrannt.

Ein neuerer Inselspott lautet: Für die Juister ist schlechtes Wetter gutes Wetter, denn bei schlechtem Wetter und entsprechender Sicht müssen sie Norderney nicht sehen.

J ü m m e (Samtgem., Ldkr. Leer) Jümmiger Hammrich
Denn gaht hen in 't Jümmerker Land un lehrt 't Musenmelken.
,Frommer Wunsch', wenn (junge) Menschen etwas Unmögliches verlangen.

K i r c h d o r f (Stadt / Ldkr. Aurich)
Dat könen s' in Karkdörp (Kirchdorf) ok.
‚Das muß leicht zu schaffen sein.'
He löppt mit de Petersiljewuddels as 'n Karkdörper.
Er ist ein geschäftiger Müßiggänger.
Karkdörp dat Wuddelloog.
In der Kirchdorfer Gegend wurden einst sehr delikate Möhren
und Rüben angebaut.
→ Aurich (Kirchspielreime)

K l i n g e (Gem. Westoverledingen, Ldkr. Leer)
Auf die beiläufige Frage:
Wor wullt hen?
antwortete man:
Na d' Klingster Pastor.
In Klinge gab es jedoch keinen Pastor.

K n i p h a u s e n (Burganlage, Stadt Wilhelmshaven)
He is van Kniphusen un Hollfast (statt Holtgast/e [Dorf im Rhei-
derland])
sagt man, wenn jemand sich nur schwer von seinem Geld trennen
kann (kniepsk = geizig).

K ö n i g s h o e k (Gem. Moormerland, Ldkr. Leer)
Als *Hoekster Rot* bezeichnete man im benachbarten Stiekelkam-
perfehn Kupfer- oder Rotfinnen (Rosacea), eine Erkrankung der
Gesichtshaut (Rötungen vor allem der Wangen durch geplatzte
Äderchen), die in Königshoek gehäuft auftrat.
→ Boekzetelerfehn

K r u m m h ö r n
Einer der schönsten ostfriesischen Ortsreime stellt die Dörfer in
der mittleren Krummhörn vor.
Well weet, wor 't good wohnen is?
In Westerhusen wor 't (alltied) Sömmer is,
in Midlem (Midlum) stahn de Eckelbomen,

bi Freepsem (Freepsum) *gahn de Waterstromen,*
Canem (Canum) *is 'n Kinkkank,*
Pesem (Pewsum) *is 'n Vögelsang* (oder: *Singsang*),
Wokert (Woquard) *is 'n Rad,*
Groothusen is 'n Stadt,
Hamswerem (Hamswehrum) *is noch wat,*
Plewert (Upleward) *is 'n Pur(en)gatt,*
Campen liggt so moi in d' Runn,
Lokert (Loquard), *dat liggt heel verkehrt,*
Rysmer Buren hebben 't Hexen lehrt.
1. Zeile auch:
Ik weet wall, wor 't good wohnen is.
10. Zeile auch:
Uplewert is 'n Stinkgatt.

Eckelbomen = Eichen; Kinkkank = Schneckengehäuse; Pur(en)-gatt = Krötenloch
Westerhusen: Hinweis auf den gepflegten Burggraben; Midlum: Eichen, Bedeutung wie vor; Freepsum: Freepsumer Meer; Pesem: vgl. Westerhusen; Lokert: weil man sich hier leicht verläuft; Rysmer Buren: in Rysum und Loquard wurden Ende des 16. Jhdts. Bauernfrauen nach der neuen kaiserlichen Halsgerichtsordnung wegen ‚Toverie' (Zauberei) verurteilt.

Ein anderer Reim lautet:
Grimersum is kugelrund,
Eilsem weggt man fiefteihn Pund,
Jennelt is en lüttjet Loog,
Visquerd is 'n Toornloog,
Greetsiel is 'n Stadt,
Hauen is 'n Stinkgatt.

Ry, Lo, Cam,
Uplee, Ham,
Groot, Man, Pil, Vis -
Well weet, wor Greetsiel is?
Merkreim für die Reihenfolge der Dörfer am Deich mit den ersten Buchstaben der Namen (Rysum, Loquard, Campen, Upleward, Hamswehrum, Groothusen, Manslagt, Pilsum, Visquard), zugleich Zungenbrecher.

Tüsken Lokert (Loquard) un Campen
lopen twee olle Wieven,
se lopen all glieke fell
un könen 'nanner doch neet kriegen.
Rätsel. Lösung: Mühlenflügel.

Dat lüttje Hundje
van Cöllnhöst

L a m m e r t s f e h n (Gem. Uplengen, Ldkr. Leer)
Lammerstittenfehn (auch wohl: *Titttenlammersfehn*)
vermutlich scherzhaft abgeleitet von Tittlamm = Lamm, das noch
beim Muttertier saugt.

L a n g e o o g (Inselgem., Ldkr. Wittmund)
→ Inseln, Ost- und Westfriesische

L a r r e l t (Warfendorf, heute Stadt Emden)
Larrelt liggt (is) midden in de Warrelt (Welt).
Die Sentenz stammt vermutlich von dem reformierten Prediger
und Geschichtsschreiber Jakob Isebrand Harkenroht (1676-1737),
der von 1712-1722 Pastor in Larrelt war. Harkenroht bemerkt,
daß dieses alte Sprichwort ursprünglich Jerusalem gegolten habe.
Der Spruch, gern spöttisch auf kleinere Orte bezogen, findet sich
z.b. auch gemünzt auf Eagum (Westfriesland): *Eagum leit mids yn
e wrald.*

De Larrelter Kark, de hangt vull Krallen (Korallen), *vull klinker-
klare* (lauten bzw. reinen) *rosinrode Bloodskrallen.*
Zungenbrecher (ndl.: klinkklaar = rein, lauter)

Fritz Lottmann nennt Larrelt in seinem niederdeutschen Roman
,Dat Hus sünner Lücht' *Granatbörg.*

L e e r (Stadt / Ldkr.)
Leerder Wind
nennt vor allem der Emder gern spöttisch ein Vorhaben, daß ihm
nicht solide, d.h. windig erscheint. Zwischen den beiden Ems-
häfen und größten Städten Ostfrieslands besteht von alters her,
vor allem in wirtschaftlicher Hinsicht, eine starke Konkurrenz,
wobei Emden wegen einer günstigeren geographischen Lage zur
Nordsee immer die besseren Karten gehabt hat. Die Emder er-
reichten, daß Kaiser Maximilian ihnen 1494 das Stapelrecht verlieh. Alle Schiffe, welche die Ems befuhren, mußten ihre Waren
und Güter zuerst in Emden anbieten, dann konnten erst die
Leeraner zum Zuge kommen. Das für Leer restriktive Emder
Stapelrecht fiel 1807, und erst 1823 wurde Leer zur Stadt erho-
ben, obwohl der Ort seit langem nach Emden die größte wirt-
schaftliche Bedeutung in Ostfriesland hatte.

Der Emder Stadtsyndikus, Demokrat und hoch- und niederdeutsche Lyriker Godfried Wilhelm Bueren (*1801 Papenburg †1859 Meppen) veröffentlichte 1846 ein ,Leerer Skipperleed', in dem er die Emder als bunte Hähne auf einem Misthaufen (!) bezeichnet. Das Gedicht dokumentiert die Aufbruchsstimmung in Leer, die nach der Aufhebung des Stapelrechts in der Stadt herrschte, während die Emder hochmütig auf die Leeraner und deren Aktivitäten herabsahen. Das Gedicht beginnt:

Leerers, laat Ju'n Flagge wäyen,
Leer fahrt Emden in de Grund!
Drum laat up hör Mestfaal kräyen
Hahn un Hahntjes, kakelbunt!
Unse Stadt, so jung un krachtig,
Kehrt sük neet an olde Strunt.

Dazu paßt das ostfriesische Sprichwort:
Wenn de Hahn up sien Mestfaal steiht, hett he grood Recht.

Leerder Stiefkoppen (z.B. von Leerortern so genannt).

He kummt to laat as 't Leerder Schipp.
Eine von den Nordern oder auch von den Insulanern (Norderney?) geprägte Redensart. Früher fuhren regelmäßig Börtschiffe zwischen Leer und Norderney und auch Borkum. Sicherlich haben sich die Schiffe häufiger verspätet. Die Bört- oder Reihenschiffahrt wurde von Schiffen betrieben, die der Reihe nach zu festgesetzten Zeiten zwischen bestimmten Orten hin- und herfuhren (beurt [ndl.] = Reihe).

Wenn 't Schipp mit Geld over de Plytenbarg (oder: *over d' Diek*) *kummt ...*
wird auch heute noch in Leer gesagt, wenn etwas niemals (am Sankt-Nimmerleins-Tag) geschehen wird.

Se bünd so moi (oder: *nett so moi*) *as Puppen* (oder: *Kinner*) *to Leer*
sagte man einst von Kindern im Sonntagsstaat in Leer und der Umgegend.

Se sünd mit Schink' na Leer
hieß es im Overledingerland in der Zeit nach 1945 vor der Währungsreform, wenn ein Paar sich in der Stadt Trauringe besorgen wollte.

Neet un jewall,
seggen de Leeraantjers all.
Vgl. Ostfriesland (allgemein). Dialektunterschiede

Büst van Leer un kennst mi neet? (Spöttische Frage)
Vgl. Fehne und Moor

Leerder Lopers.
Spottname der Leerorter für die Leeraner, die bis in die 1950er Jahre gern Spaziergänge nach Leerort unternahmen zum dortigen Ausflugslokal Emspavillon (Rake, später Winkler).

Liebe kleine Stadt.
Der Buchtitel für die Erinnerungen von Carl Theodor Saul an das Leer der Jahre zwischen 1900 und 1950 war in den folgenden Jahrzehnten ein Synonym für die Ledastadt.

Über die beiden einst wichtigsten Jahrmärkte in Leer, Kreuzmarkt und Gallimarkt, hieß es im Rheiderland:
Leerder Krüüs, dann bliev wi in Hüüs,
Leerder Gall, dann koom' wi all.

Wo heet de ollste Stadt van de Welt?
oder: *Wo hett de eerste Stadt heten up de Eer?*
Antwort: *Dat is Leer, denn in de ‚Schöpfungsgeschichte' steiht ‚Am Anfang schuf Gott Himmel und Erde. Und die Erde war wüst und <u>Leer</u>…'* (Scherzrätsel)

Achter Leer un Loge,
dar stunnen 'n paar olle Wieven,
harrn eenanner bi de Hand to packen,
kunnen 'eenanner doch nich kriegen.
Rätsel. Antwort: Bockwindmühle zwischen Leer und Loga.

Tüsken Log' un Leer
steiht 'n wunnerlik Deer,
't ett wat un frett wat,
't word sien Leevdag neet satt.
Rätsel. Lösung: Mühle bei Leer.

In Fritz Lottmanns niederdeutschem Roman ‚Hus sünner Lücht' wird Leer *Leegstadt* und Leerort *Leegstadtfähre* genannt.
→ Ostfriesland

L e e r h a f e (Stadt / Ldkr. Wittmund)
Leerhafer Geelbeenten (Leerhafer Gelbbeinige).
Geelbeenten war einst ein freundlicher Spott für Frauen aus Moorgegenden. Bei der Arbeit im Torfmoor gingen die Frauen hochgeschürzt und barfuß. Man sagte, daß die Beine der Frauen und andere unbedeckte Körperteile durch die Sonne und das braune Moorwassers gebräunt würden, während die Schönen der abseits vom Moor liegenden Geestdörfer, da sie nicht im Moor arbeiteten, einen weißen Teint hatten. Die Ursache der dunkleren Hautfarbe dürfte jedoch tatsächlich darauf zurückzuführen sein, daß die ersten Siedler im Moor häufig keine Ostfriesen waren, sondern Zuwanderer aus südlicheren Gegenden, die von Natur aus eine braunere Hautfarbe hatten.
Wenn sich früher jemand aus Marx, Friedeburg usw. ein Mädchen übers Moor (eine Overmoorske) aus Voßbarg, Oltmannsfehn usw. geholt hatte, hieß es, er habe sich eine ‚Geelbeente' zur Frau erkoren.
Am bekanntesten ist in Ostfriesland der Name ‚Leerhafer Geelbeenten', dort war vermutlich ursprünglich eine Moorgegend.
Vgl. S. 135

L e e r o r t (Stadt / Ldkr. Leer)
Noortmer Dickkoppen
wurden die Leerorter von den Leeranern genannt. Die Einwohner des früheren Fischerdorfes an der Ems, die *Noortmer*, galten einst als *'n heel egen Volk*, das seinen besonderen Stolz hatte.

Wenn ein Leerorter ein Mädchen aus Leerort heiratete, spottete man: *De arm Scheppsel hett as Noortmer Jung doch blot 'n Frauminske van Leer kregen.*

Wenn Kinder zu laut und ungebärdig waren, verwies man sie früher in Leer nach Leerort und sagte:
Gaht na Noort hen to spölen
mit jo grood Klumpen,
dar hebben ji mehr Bott.

L o g a (Stadt / Ldkr. Leer)
Holl hum in 't Oog, he kummt van Loog!
Scherzhafte Warnung.

L o g a b i r u m (Stadt / Ldkr. Leer)
Loogbermer Dickkoppen
stahn vör de Dör to nickkoppen.
Dickkoppen (seltener auch: Dieskoppen = Dick-, Quer-, Starr-
köpfe) wurden die Lutheraner genannt, abgeleitet vom mächtigen
Haupt des Reformators Luther.

L o q u a r d (Gem. Krummhörn, Ldkr. Aurich)
Loquard galt im 16. Jahrhundert als ‚Hexenloog‘, mehrere Frauen
wurden als Hexen verurteilt und bestraft.
→ Krummhörn

L o p p e r s u m (Gem. Hinte, Ldkr. Aurich)
Loppersum wird *Jungmöhlen-Loog* genannt. Es hieß auch:
Du mußt in Loppersum dör de Jungmöhl.
oder:
Du mußt na Loppersum un di verbüssen laten.
Die Aufforderungen galten Menschen, die kränklich waren, vor
allem auch mißmutigen Zeitgenossen, die durch ihre schlechte
Laune den Mitmenschen auf die Nerven fielen.
Die Redensarten sollen so entstanden sein: Um 1850 wohnten in
Loppersum zwei geschickte Schmiedemeister, die einen besonders
guten Ruf im Anfertigen und Erneuern von Büchsen (Büssen) für
Wagenräder hatten. So kamen damals die Bauern von weither, um
ihre Wagenräder nach Loppersum zu bringen und sie dort ‚verbüssen‘ zu lassen.
‚Verbüssen‘ heißt eigentlich: etwas mit einer metallenen Büchse
oder Röhre versehen, vor allem eine Radnabe. Es wird aber auch
übertragen verwendet für: Geschlechtsverkehr ausüben, notzüch-
tigen.

L ü t e t s b u r g (Samtgem. Hage, Ldkr. Aurich)
Lützbörger Kraihen
wurden die Lütctsburger genannt nach den zeitweilig dort vor-
handenen großen Saatkrähen-Kolonien in den hohen Bäumen des
Lütetsburger Parkes.

Fritz Lottmann nennt Lütetsburg in seinem niederdeutschen Roman ‚Dat Hus sünner Lücht‘ *Lüntjebörg* (Sperlingsburg).

Critz'm is 'n Puurgatt

M a n s l a g t (Gem. Krummhörn, Ldkr. Aurich)
Un alls in de Welt, man kien Wiev ut Manslagt
ist bis heute eine verbreitete Redensart in der Krummhörn.
Manslagt galt früher als *Supersloog*. Bei der Norder Doornkaat-
Brennerei soll es geheißen haben: *De Lü in Manslagt bruken so-*
vööl Kuur (Schnaps), *de mögen wall de Straat darmit schrubben.*

M a r i e n h a f e (Samtgem. Brookmerland, Ldkr. Aurich)
Marienhafe wurde von den Nordern früher *dat Weverfleck'* (der
Weberflecken) genannt, da dort einst viele Weber arbeiteten.

Ik wull, dat du up de Marienhafer Toorn sattst un harrst de Spitz
in de Neers.
Diese Verwünschung, obgleich sie früher oft verwendet wurde,
hat eigentlich seit langem ihren Sinn verloren, weil der Turm der
Marienhafer Kirche schon 1820 durch einen Blitzschlag die Spitze
verloren hat, und bei späterer Reparatur der Turm um zwei auf
vier Stockwerke verkürzt worden ist.

Mit en Kluntje darbi, so dick un groot,
as de hele Marienhafener Toren,
sä Jantje-Möh, dann gahn wi neet verloren.
Ostfriesischer Teespruch. Vgl. Remels

't is 'n Mainhafer Rover.
Der Beiname ist eine Erinnerung an die Zeit, als die Liekedeeler,
Störtebeker und seine Genossen, in Marienhafe ihren Schlupf-
winkel gehabt haben sollen. Denkbar wäre auch ein Bezug zu
Jahrmarktsprügeleien. Bei den Jahrmärkten in Marienhafe war es
einst verboten, Dreschflegel unter dem Rock zu tragen. Die
Dreschflegel, die man auf dem Markt kaufen konnte, galten als
gefährliche und beliebte Waffen bei Streitigkeiten.

M a r i e n k a m p (Samtgem. Esens, Ldkr. Wittmund. Ehemal.
Kloster, abgebrannt 1530, heute Flurname)
Dat spöökt as to 'n Marienkamp.
Alte Klöster galten allgemein als Spukorte.

M a r x (Gem. Friedeburg, Ldkr. Wittmund)
Die Marxer Bauern galten als besonders zurückgeblieben.

Marxer Kronensömmer
wurde im Harlingerland ein etwas verspäteter Altweibersommer
genannt.

M i d d e l s - O s t e r l o o g (Stadt / Ldkr. Wittmund)
Den Bewohnern von Middels wurde nachgesagt:
Middelser Klatten,
hangen bi d' Latten,
se freten de Lusen
bi hunnert un dusend.
Lattenhanger, Lusenfreter = Hungerleider u.ä. Die Dopplung soll
die Aussage verstärken.

M i d l u m (Gem. Krummhörn, Ldkr. Aurich)
→ Krummhörn

M i d l u m (Gem. Jemgum, Ldkr. Leer)
Midlumer Klatten bzw. *Klattjes* sagten z.B. die Jemgumer.

M i n s e n (Gem. Wangerland, Ldkr. Friesland)
De rugen Minser.
Es heißt, daß die Minser einst überaus rauflustig gewesen seien.
Es soll ungewöhnlich gewesen sein, wenn eine Hochzeit ohne Tot-
schlag verlief, und wenn die Wände einer Wirtsstube rein von
Blutflecken waren (Strackerjan 2: 605).
Vgl. Harlingerland, Holtriem, Marienhafe

Dat geiht in (oder: *Dat is ingahn*, d.h. hört auf), *as 't Beden to*
Minsen
pflegte man zu sagen, wenn man urteilte, daß aus einer Sache
nichts Rechtes werden wollte. Dazu wird erzählt:
Als in der Minser Kirche der Pastor gerade das Gebet sprechen
wollte, rief ein junger Mann von der Tür aus: ‚Schipp up Strand'.
Da sagte der Pastor: ‚Amen' und alle Minser stürzten zum Strand.
So war das Beten (der Gottesdienst) getan, bevor er begonnen
hatte. Vgl.: Inseln (Schipp up Strand).
Es gibt zwei weitere Erklärungen: Die erste geht auf eine Sage
zurück. Die Einwohner von ‚Minser Oll Loog', dem ursprüngli-
chen Minsen, sollen einst ein Seeweibchen gefangen, gepeinigt

und trotz all Bitten nicht freigelassen haben. Schließlich gelang es dem Seewesen, ihnen zu entkommen. Am nächsten Tag verschlang eine Sturmflut das Dorf mit seiner Kirche, und so hatte das Beten dort aufgehört.

Recht pragmatisch ist die zweite Begründung. Die Minser Kirche ist die nördlichste des Jeverlandes, und weiter nach Norden kann kein Gottesdienst mehr stattfinden.

Aus späterer Zeit gibt es eine weitere Geschichte: Nach dem Tode ihres Pastors wollten die Minser einen neuen Gemeindehirten küren. Wie üblich waren drei Kandidaten, die traditionelle ‚Dreetall‘, zur Probepredigt eingeladen. Der erste Bewerber schwelgte geradezu in frommen Sprüchen und Gebeten, so daß die Gemeinde durchaus angetan war, der zweite übertraf noch den ersten und das Entzücken der Minser wuchs. Der dritte schließlich hielt die folgende kurze Predigt: ‚Liebe Freunde! Wenn alle Menschen ein Mensch wären und alle Steine ein Stein und alle Berge ein Berg und alle Meere ein Meer, und wenn nun der eine Mensch von dem einen Berge den einen Stein in das eine Meer würfe, was sollte das wohl für einen Plumps geben!‘ Da wählten die Minser den dritten Kandidaten einstimmig zu ihrem Geistlichen (Leerer Anzeigeblatt ca. 1909).

M o o r
→ Fehne und Moor

M o o r d o r f (Gem. Südbrookmerland, Ldkr. Aurich)
Swartwegers.
Ursprünglich Bewohner des vormals berüchtigten *Schwarzen Weges* in Moordorf, später auch allgemein für Moordorfer. Heute wird ‚Swartwegers‘ zuweilen noch als Schimpfwort für Landstreicher, Asoziale usw. gebraucht.

N e g e n b a r g e n (Stadt / Ldkr. Wittmund)
Negenbarger Fleuters
heißt es in dem Harlinger Kirchspielreim. Die Einwohner des einst
armseligen Ortes sollen nur mühsam für das tägliche Brot haben
sorgen können, so daß sie - wie erzählt wurde - ihren Hunger
nicht selten mit Flötentönen stillen mußten. Nach einer anderen,
glaubhafteren Überlieferung sollen die Negenbarger als Flöten-
spieler im Lande herumgezogen sein.
→ Harlingerland

N e s s e (Samtgem. Dornum, Ldkr. Aurich)
In Neß, dar geiht 't ganz stickbreed her,
's avends geiht 't van rären un bellen -
ji löven neet, wat 'n Geräär.

N e u b u r g (Samtgem. Jümme, Ldkr. Leer)
Neebörgmer Sitt-in-de-Hosen (Hosen = lange Strümpfe).
Schimpfname der Neuburger.

Rätselfrage:
Welker Börg in Ostfreesland is alltied nee?
Antwort: Neuburg.

N e u e m o o r (Samtgem. Hesel, Ldkr. Leer)
Der Ort wird im Volk *Höst* genannt. Der folgende, im allgemeinen Collinghorst geltende Reim, wird auch auf Neuemoor bezogen: *Hest Döst, denn gah na Höst. Dor is 'n Hundje, de pißd di*
in 't Mundje.

N e u e n d e (ehemal. Kirchdorf, Stadt Wilhelmshaven)
Neuender Grantsacken (Geizhälse).

N e u f i r r e l (Gem. Uplengen, Ldkr. Leer)
Openneersfehn.
Wie in allen Moorkolonien waren auch die ersten Siedler in Neufirrel bitterarm. Häufig fehlten ihnen die Mittel, um ihre einfa-
chen Hütten fertigzustellen, so blieb das Hinterhaus ungedeckt,
mit offenem ‚Hintern‘, mit *open Neers.*
Die Neufirreler, zumeist ärmere Siedler und Arbeiter, galten als

eher weltlich gesonnen und weniger fromm als die Firreler, daher sagte man: *Neeifirrelers sünd Weltlü, Firrelers sünd Geldlü.*

N o r d e n (Stadt / Ldkr. Aurich)
Nörden hett (oder: is) keen Örden (Ordnung).
't Heeren Gebodd düürd dree Dage un 'n Schofftied.
auch: *Nörden is sünner Örden.*
Der zweifellos alte Spruch bezieht sich auf die Zeit des 16. Jahrhunderts, als es nicht nur in Norden recht zügellos zuging.

Der immer wieder, auch später, gern zitierte Satz:
Zu Norden geht Gewalt für Recht,
im Rath gibt 's rare Hänse.
Sie sind des Amts Verwalters Knecht
und nähren sich wie Gänse ...
stammt aus einer Satire auf die desolaten Verhältnisse zur Zeit der ostfriesischen Ständekämpfe (Ostfriesisches Klagelied Jeremiae auf die Wasserfluth dat. v. 31.2.1720!) (OM 1873: 185).

Im ‚Appelle-Krieg‘ (1724-1727), einem Konflikt zwischen Carl Edzard, dem letzten Auricher Fürsten und einem Teil der Stände, verschanzte sich der ständische Kapitän Cramer mit einer Schar Versprengter in der Burg Grimersum (1727). Cramer unterlag schließlich, und wurde durch einen fürstlichen Fähnrich erschossen. Dazu ist das folgende ‚Norder Lied‘ überliefert:
Kriet, Cramer, kriet,
Nörden büst du quiet,
Hage hest du lage legen,
Leer hest du blau Bohnen kregen,
kriet, Cramer, kriet.
Im Volksmund hielt sich noch lange Zeit eine veränderte Fassung des Liedes, dessen dritte und vierte Zeile von den historischen Fakten abweichen:
In Hage hest du lange legen,
in Grimers'm blaue Bohnen kregen.

Pott Nörden nennen vor allem ältere Norder bis heute ihre Heimatstadt. Damit war ursprünglich und wertneutral die dichtbesiedelte Altstadt gemeint, die erst durch Eingemeindungen (1919 bzw. 1972) die Chance zu räumlicher Ausdehnung erhielt. Der Begriff *Pott Nörden* ist aber auch negativ besetzt. Es heißt: *Ty-*

pisch Pott Nörden bei einer kleinkarierten Entscheidung oder Handlung. *Pott-Nörder* nennt man entsprechend Bürger, die als engstirnig, geistig unbeweglich usw. angesehen werden. *Pott Nörden* ist aber andererseits auch ein positiver Beiname für Norden, die ‚liebe, kleine Stadt‘ wie man z.b. → Leer einst nannte.

In Nörd'n steiht de Düvel um de Hörn.

Harr ji wat ehrder kamen (oder: *Wassen ji wat ehrder komen*), *denn harr ji (wat) miteten kunnt, seggen de Nörders,* denen, ebenso wie den Emdern (→ Emden), Mangel an Gastfreundschaft und Geiz vorgeworfen wird.

Dree grote Bohnen sünd (auch: *bünd*) *nett so good* (auch: *grood*) *as 'n Snuut vull (dröög) Brood, seggen de Nörders.*

Nörden is 'n grote Stadt,
de wat hett, de köfft sük wat.
Man de nix hett un nix kann kriegen,
de laat (mag) man ut Nörden (ut)blieven.
Vgl. Boekzetelerfehn, Hage, Ulbargen

Warum weer vörher de Nörder Marktplatz so groot?
Wiel Christoff Buse van Westerstraat mit sien grode Foten bi 'n Spazeergang up Marktplatz umdreihen muß.
Naher hemm 's de Marktplatz lüttjeder maakt, as he dood weer!
Scherzfrage

Mit apen (open) Wagen na Nörden fahren.
Heute noch hier und da gebrauchte Redensart mit unbekannter Bedeutung.
→ Ostfriesland

N o r d e r n e y (Inselgem. u. Stadt, Ldkr. Aurich)
Antje-Möh van Nördernee
kookt en Pott vull Riesebree.
Kinderreim

Norderney wurde um 1900 *Insel Pipi* genannt (Bedeutung unbekannt).
→ Inseln, Ost- und Westfriesische

N o r t m o o r (Samtgem. Jümme, Ldkr. Leer)
Blood Foot un Hansken an,
dar komen wi Noortmoormer an.
In einem alten, zersungenen Volkslied, überliefert u.a. von der ostfriesischen Schriftstellerin Wilhelmine Siefkes (1890-1984), heißt
es:
Van Maibörg na Nortmoer,
geiht 't nett so liek as 'n Snoor ...
Das langgestreckte Straßendorf Nortmoor war einst aufgeteilt in
zwei Bauernschaften, Ostende und Westende. Über einen längeren
Zeitraum gab es nur im Westende zwei Bäcker und einen Lebens-
mittel-Laden. Daher neckten vor allem die jungen Leute vom
Westende ihre Altersgenossen vom Ostende:
Osterendjer Smachtlappen
freten Westerendjer Stuutkappen.

Mit dem Findling auf dem alten Kirchhof in Nortmoor (heute
Anhöhe im Hammrich) ist der folgende Scherz verknüpft. Man
sagte: *Wenn de Beedklock anslaan word, dreiht sük de groot*
Steen up de oll Karkhoff dreemal um - wenn he 't höört.
Auf den erstaunten Ausruf: *Dat is nich wahr!* folgt die trium-
phierende Antwort: *He kann ja nich hören!*

N ö t t e n s (Stadt / Ldkr. Wittmund)
Gah na Nöttens un lehr 't Gosewahren (Gänsehüten).
Harmlose Verwünschung. Im Harlingerland wurde viel Gänse-
zucht betrieben.

't geiht de Eilanders as de Gosen:
se lopen all' achternanner an

Se schimpt as 'n Emder Fiskwief

O g e n b a r g e n (Stadt / Ldkr. Aurich)
Een up Ogenbargen de Wahrheid seggen.
Wenn jemand erzählte, er habe einem andern, besonders einer
Respektsperson, gehörig die Wahrheit gesagt, fragte man wohl
spöttisch zurück: *Up Ogenbargen?*
Die Redensart, die nur im nördlichen Ostfriesland bekannt war,
geht auf die folgende Anekdote zurück: Ein Ogenbarger Bauer
mußte sich in Aurich vor Gericht verantworten. Dort ist er sehr
kleinlaut und wortkarg. Je näher er jedoch seinem Heimatort
kommt, desto mehr steigert er sich in einen Zorn, so daß er seinen Handstock zerschlägt. Seiner erschrockenen Frau erzählt er:
‚De Heeren in Auerk hebb ik gehörig de Wahrheid seggt'. Der ostfriesische Schriftsteller Enno Hektor läßt in der dramatischen
Szene ‚Harm un d' dür Tied' seinen Helden Harm Düllwuttel
leicht abgewandelt sagen: *Sullt de Auerker Heren ok wall de Le-
viten lesen, wenn d' achter dree Bargen weerst.*

O l d e r s u m (Gem. Moormerland, Ldkr. Leer)
Fritz Lottmann nennt Oldersum in seinem niederdeutschen Roman ‚Dat Hus sünner Lücht' *Scheifetorn*, wegen des damaligen
schiefen Kirchturms; daher auch der Spruch: *Oldersum, du armer
Wurm, hast eine Kirche mit schiefem Turm.* Vgl. Jemgum.

O l d o r f (Gem. Wangerland, Ldkr. Friesland)
Oldorfer Buttsteker.
Die Oldorfer waren früher als Wattfischer bekannt, sie spießten
die Plattfische (Butt usw.) mit einer Pricke auf (einer eisernen
Forke mit Zinken, die mit Widerhaken versehen waren). Man
nannte sie auch wohl *Pulsstöck*, da ihnen die beim Fischen mit
ausgesetzten Netzen verwendeten Stöcke auch als Pulsstöcke
(Springstöcke) dienten.

He kickt dör de Oldörper Brill
sagte man, wenn jemand den rechten Arm gekrümmt an die Stirn
hielt und darüber weg sah.

Es gab auch den Spruch:
Dat Oldörper Wapen is en Sittelbank mit dree Haken.
(Bedeutung unbekannt).

O s t e r b r a n d e (Gem. Großheide, Ldkr. Aurich)
→ Arle

O s t e r h u s e n (Gem. Hinte, Ldkr. Aurich)
Osterhuser Klatten,
hangen bi de Latten,
freten (mit) holten Sleven.
Sünd dat keen oolke Deven?
Dieser in verschiedenen Gegenden leicht unterschiedliche Spottreim wurde einst in Hinte den Osterhusern nachgerufen.

O s t f r i e s l a n d (allgemein)
Licht Land, lose Lü,
sware Klei, grote Ossen.
Wo leger Land, wo loser Lü,
wo swarer Klei, wo groter Ossen.
Dieser Reim hält die Unterschiede zwischen Geest- und Marsch-
bewohnern fest: je leichter der Boden ist, desto beweglicher sind
auch die Menschen. Je schwerer jedoch der Boden ist, desto gro-
ber und anmaßender sind auch seine Bewohner.

De van d' Klei kummt up de Sand, de verlüst de Verstand.

Zog jemand von der Marsch auf die Geest, pflegte man zu sagen,
wenn er ‚anders‘ (arrogant, anmaßend usw.) erschien:
De hett de Kleiburen-Krone noch immer up de Kopp.

Mit leicht überheblichem Bedauern sagte der Marschbauer einst
von seinem Kollegen auf der Geest: *He is ja man van d' Sand.*
Der Geestbewohner wiederum tröstete sich mit den Worten: *'t*
nich fett, 't is ok nich glatt, das sollte heißen: Wenn der Geest-
boden auch nicht fett (und so fruchtbar) ist, so ist er doch nicht
glatt (und unwegsam).

Die alten Geestdörfer in der Mitte Ostfrieslands: Holtland, Hesel,
Strackholt, Aurich-Oldendorf, Bagband, Holtrop, Reepsholt, Ar-
dorf und Westerende nannte man, da sie höher lagen, *Hoge*
Logen.

Unterschiede im Dialekt der Krummhörner, Brookmerländer und
Overledinger halten die folgenden Reime fest.

‚Nee' un ‚jawall',
seggen de Krummhörners (oder: *Krummhooksters) all.* -
‚Nee', un ‚jawoll',
is Brookmers' Prootkoll (ständige, übliche Rede).
‚Nich' un ‚woll',
‚schull' un ‚schall',
seggen de Overledingers all (oder: *is de Overledingers hör Taal*).

Ostfreesland hett dreerlei Land:
Moor, Klei un Sand.

Ostfreesland is as 'n Pannkook (oder auch: *Ostfreesland is 'n röt-*
terge Appel), de Rand is 't beste d'r an.
Als ‚Rand' bezeichnete man die fruchtbare Marsch, während das
Innere - Moor, Sand und Heide - weniger fruchtbar war.

Ostfreesland is 'n free Land (oder: *dat is 'n gode Mood in Ost-*
freesland), de neet eten will, de höövt neet (muß es nicht).

Dreemal is Ostfreesen Recht wird heute gern gesagt, wenn z.B.
eine zweite und dritte Tasse Tee angeboten wird.

In alten Zeiten hatte der Feind den Ostfriesen eine große Kanone
geraubt und sie bei Leerort in der Ems versenkt. Die Kanone trug
die Inschrift:
Grote Grete heet ik,
Söven Mielen scheet ik.
Harr ik mien Süster in de Hand,
Dann kunn ik ok scheten over ganz Ostfreesland.
Viele Jahre später ließ die Regierung die Kanone mit vieler Mühe
heben und ließ daraus vier kleinere Geschütze gießen.

Lange Sweerten an de Sieden,
tinnen Tellers an de Wand,
dat is 't Wapen van heel Ostfreesland.
Der ostfriesische Volkskundler Wiard Lüpkes gibt die folgende
Erklärung für diesen ‚alten' (?) Spruch: Die freien friesischen
Bauern hätten einst das Recht gehabt, sich mit dem Schwert an
der Seite trauen zu lassen und jederzeit Waffen zu tragen. Zinn-
teller als Zeichen des Wohlstandes auf Rackjes (Gestellen) an
der Wand dienten als Wandschmuck. Ähnlich hieß es in Groningen.

Ostfreesland is 'n mall (auch: *raar*) *Land: Dor eten se Brüggen* (Butterbrote), *lopen s' up Mühlen* (Pantoffeln), *dragen s' Schapen* (kleine Münze) *in de Taske un brannen s' hör egen Moor up* (ursprünglich Harlinger Friesisch von Cadovius Müller. 1681; Moor = Torf, Wortspiel mit: Mutter).

Ostfreesland is keen Land van Gewalt, man van Recht, sä de Jung, do sull he Hau van sien Vader hebben.

Ein gern auch heute noch, zumeist jedoch lückenhaft zitierter Spottreim auf ostfriesische Städte lautet:
In Aurich ist es schaurig,
in Leer noch viel mehr.
In Norden ist noch keiner was geworden,
in Emden ist es besser, da gibt es Menschenfresser,
und wen Gott will bestrafen,
den schickt er nach Wilhelmshaven.
1. Zeile häufig auch: *... ist es traurig.*
4. Zeile auch hier und da: *un in Emmen* (Emden) *is nix mehr to hemmen.*
Diese plattdeutsche Zeile gehört zweifellos ursprünglich nicht zu dem hochdeutschen Reim.

Emden is 'n Stadt,
Nörden is noch wat,
Auerk is 'n Devegatt.
Zu diesem Fragment eines vermutlich längeren Textes bemerkt Wilhelm Hölscher: ‚Auerk is 'n Devegatt. War's nicht so weiland? Oder vielleicht auch damals nicht? Um so besser!‘ (Kern/Willms, 4. Aufl.).

Der folgende, vermutlich in der 1. Hälfte des 20. Jahrhunderts aufgekommene Spott geht zweifellos zurück auf das zuerst 1853 veröffentlichte Schmähgedicht des hannoverschen Leutnants von Düring, das beginnt: Kennst du das Land, wo der Torf die Erde und arger Nebel stets den Himmel deckt? (Raveling 1993: 29).
Es war auch ein offenes Geheimnis, daß König Ernst August von Hannover seine ostfriesischen Untertanen ‚Hundeschweine‘ zu titulieren pflegte (Raveling 1993: 26).
Kennst du das Land, wo die Ostfriesen hausen,
da mußt du schnell vorübersausen,

wo jedes Kind den Doornkaat trinkt -
und jede Magd nach Kuhstall stinkt.

O s t r h a u d e r f e h n (Gem., Ldkr. Leer)
Oosterfehntjer Dickkoppen
stahn vör d' Dör to nickkoppen.
Dickkoppen, Dickköpfe war ein gängiges Spottwort für Lutheraner, entsprechend dem großen Kopf des Reformators.

O v e r l e d i n g e n
→ Ostfriesland

P e t k u m (Stadt Emden)
Fritz Lottmann nennt Petkum in seinem niederdeutschen Roman
‚Dat Hus sünner Lücht‘ *Butensiel*.

P e w s u m (Gem. Krummhörn, Ldkr. Aurich)
→ Krummhörn

P i l s u m (Warfendorf. Gem. Krummhörn, Ldkr. Aurich)
Ik bün in Pils'm geboren,
un seh ik de Pils'mer Toren,
denn krillt mi 't Haar up de Huud.
Vgl. Visquard

P l a g g e n b u r g (Samtgem. Jümme, Ldkr. Leer)
Die ehemalige Kolonie bei Nortmoor wurde früher *Schurrfeld*
genannt. Das hieß: Hier war nichts weiter zu holen.
Schurr = Plaggen (Rasen-, Heidesoden zum Brennen).
Die erste dort zwischen 1840 und 1850 errichtete Hütte nannte
man spöttisch *Plaggenburg*. Als sich weitere Siedler einfanden,
blieb dieser Name haften.

P l a g g e n b u r g (Stadt / Ldkr. Aurich)
Plaggenbörger Fuutker
nannte man in Wittmund einen Torfbauern, der ein kleines Ge-
spann (einen kleinen Torfwagen und ein Pferd) besaß, dem man
bereits von weitem die Armseligkeit ansah.

Welker Börg in Ostfreesland is van Pulten maakt?
Antwort: *Plaggenbörg* (Scherzrätsel)
Pulte, Palte = Plaggenstück

P o g u m (Gem. Jemgum, Ldkr. Leer)
(Dat) Endje van de Welt
nennt man heute noch die ehemaligen Fischerdörfer Pogum und
Dyksterhusen.

P o p e n s (Stadt / Ldkr. Aurich)
→ Aurich

All wat van 't Fehn kummt,
dat suppt, dat suppt, dat suppt

P o t s h a u s e n   L e y h e (Gem. Ostrhauderfehn, Ldkr. Leer)
Leyher Klatten
schieten up Matten
(auch wohl: *schieten up d' Hacken*).

Wenn du en Frau van 't Fehn hest,
bruukst Kien Hund

R a h e (Stadt / Ldkr. Aurich)
→ Aurich

R e m e l s (Gem. Uplengen, Ldkr. Leer), **U p l e n g e n**
(Lengener Land)
Lengener Stackohren.
Stackohren nannte man eine Schweinerasse mit besonders hoch-
stehenden Ohren, die einst vor allem in Uplengen gezüchtet wur-
de. Vgl. Amdorf

Remels is en grote Stadt,
de wat hett, de frett sük satt.
De nix hett un kann nix kriegen,
de mutt ut grood Stadt Remels blieven.
oder:
De nich hett un kann nich kriegen,
de mutt to Remels utblieven.
Vgl. Boekzetelerfehn, Hage, Norden, Ulbargen

Remels is dat fiene Loog
in 't Uplengender Kuntrei.
's Mörgens in un ut de Kroog,
de Glasen groot un vull genoog
un nix to doon as: ‚Lang ins her!'
Jees', wat spölen de Remelsers moi Weer.

Negen Logen un een Stadt
hebbt tosamen en Slötelgatt.
Dieser meist auf Aurich bezogene Reim wird auch für das Kirchspiel Uplengen in Anspruch genommen.

En Kuur kann driest en Daler kösten,
man dann so groot as d' Remelser Karktoorn.
Der Vergleich mit einem Kirchturm war sehr beliebt und ist auch
z.B. von Marienhafe bekannt.

R h a u d e r w i e k e (Gem. Rhauderfehn, Ldkr. Leer)
Rhauderwiekster Smachtlappen (Hungerleider).

Rheiderland

Mit einem leichten Augenzwinkern sagt man gern alliterierend Rheiderland, *Räuberland* bzw. Rheiderlandjers, *Räuberlandjers*. Möglicherweise klingt in diesem Spruch eine späte Erinnerung mit an den bekannten Räuber Kuper-Jan aus Holthuserheide (→ vdK / Sch 2003: 372 ff.).

Es heißt auch: *Dat Rheiderland is Ostfreesland in 't lüttje.*

Den folgenden Reim vom Einfall des Bischofs von Münster ins Rheiderland im Jahre 1493 hat der ostfriesische Eggerik Beninga in seiner ‚Cronica der Fresen' überliefert:
Bisschup Hindrick is hir gekamen, to kiken int landt,
he hefft to Wener de schuren vorbrandt,
mit den ruiteren und syne arme jacken,
kumpt he weder in Reiderlandt,
so wille wy one scheren de platten.
schuren = Scheunen; ruiteren = Reitern; jacken = Gecken, Narren; platten = Tonsuren

Ein ‚Wahlspruch', vermutlich geprägt in der Zeit des Appelle-Krieges (1724-1727), findet sich erstmals gedruckt bei dem ostfriesischen Historiker Wiarda (Wiarda VII: 350).
Wy sind Reyder Buhren,
wy laten uns nicht luhren (betrügen, überlisten).
In neuerer Zeit wurde die zweite Zeile im Volksmund verändert:
Wi laten uns neet beduren.
D.h. wir verzichten auf Mitleid, auch wenn es uns einmal schlecht gehen sollte.

Die Knechte und Landarbeiter von den Poldern wurden nach den roten flanellen Aufschlägen an ihren blauen Sonntagsjacken *Roodjackjes* genannt. Dazu trugen sie ‚witte Bundhosen' (weiße Strümpfe).

Weit bekannt war das Rätsel:
Ik was insmal in Rheiderland,
Rheiderland was mi bekannt.
Do kwammen mi dree jung Heeren in d' Moot (oder: *tomööt*),
de frogen mi, wo mien Hundje heet.
Hundjes Naam was mi vergeten,

hebb 't dreemal seggt, sallst noch nich weten?
Lösung: Der Hund heißt ‚Was‘.

Rheiderlander Dickkoppen sitten up d' Diek to nickkoppen.
Da im Rheiderland überwiegend das reformierte Bekenntnis vorherrscht, sind hier vermutlich Dick- bzw. Starrköpfe, und nicht - wie allgemein üblich - Lutheraner gemeint.

R i e p e (Gem. Ihlow, Ldkr. Aurich)
Riepster Klatten,
Hangelatten,
freten de Musen bi Hunnertdusend - dusend.
'n S(ch)leev vull Bree
deit de Riepster Klatten nee
(kommt ihnen neu bzw. ungewöhnlich vor)
riefen die Simonswolder jungen Leute den Riepstern nach.
Hangelatten, d.h. Lattenhanger = Hungerleider u.ä.

Wenn der 'n Kraih over 't Ies hen kann (oder: *up 't Ies stahn kann*), *denn kummt der ok al 'n Riepster an.*
Die Einwohner von Riepe galten als gute Schlittschuhläufer und waren immer die ersten auf dem Eise.

Die folgenden beiden ersten Zeilen des Gedichtes ‚Bi de Schöfelslieper‘ von Berend de Vries (1883-1959) sind inzwischen fast Volksgut geworden.
Sliep, Hinnerk, sliep!
Wi willen na de Riep ...

Riepe und Simonswolde nannte man früher auch die *Botterlogen*, weil die beiden Dörfer führend im Butterhandel waren, nicht weil hier die meiste Butter im Lande erzeugt wurde.

Bis in die neueste Zeit wurde Riepe auch als *Hexenloog* bezeichnet. Um 1550 wurden mehrere Frauen aus Riepe als Hexen angeklagt und verbrannt.

Die *Riepster Jüll* (Jolle) war klein und schmal gebaut, mit geringem Tiefgang und das gängige Fahrzeug auf dem Großen Meer. Sie wurde *Eenmanns Leven - Tweemanns Dood* genannt, da das Boot nur einem Menschen sicheren Platz bot.

Hoh'karker Hoogmiegers

Beene van Ellen*, paß up dien Schapen,
Jonas van de Riep liggt up 't Meer to waken.
Spottreim auf die Riepster, denen man nachsagte, daß sie bei der
allwinterlichen Schilfernte (z.b. auf dem Uhlsmeer bei Groß Mid-
lum) auch Schafe der Anlieger mitgehen ließen.
* Beene van Ellen = Name eines Schafzüchters.

't regent Gras un Gooseier (oder: *Aanteier*), *seggt de Riepster.*
Reichlicher Graswuchs nach einem kräftigen Regen war auch von
Nutzen für die Gänsezucht, die früher vor allem in Simonswolde,
Riepe, Ochtelbur und den umliegenden Ortschaften (und im
Harlingerland) in hoher Blüte stand. Auf den Feuchtwiesen rund
um diese Orte und auf dem ‚Sandwater' bei Simonswolde konnte
man vor dem Ersten Weltkrieg vom Frühjahr an stets große
Gänseherden antreffen, die alljährlich um Martini (10.11.) guten
Absatz fanden.

‚Fix kumm!' sä de Scheepker van Riepe to sien Hund, as de Pastor
over de ‚Mietling' preekde, 't Sticheln un Stacheln geiht al weer
löß.
Dazu gehört die folgende Geschichte: Der Schäfer von Riepe kam
zufällig am Sonntag Misericordias Domini (2. Sonntag nach
Ostern) in die Kirche, an welchem Tag zumeist über Joh. 10, 12-
16 (der gute Hirte und der Mietling) gepredigt wird. Der Schäfer
war nun ein Mietling, ein angestellter Hirte, er fühlte sich ange-
sprochen und beschloß, nie wieder die Kirche zu betreten. Einige
Jahre später kam er wieder in den Gottesdienst, auch wieder mit
seinem Hund. Es war zufällig wieder der 2. Sonntag nach Ostern,
und der Pastor hatte das Thema dieses Sonntags aufgegriffen. Das
war nun dem Schäfer zuviel. ‚Hett de Düvel mi nich al weer in 't
Vermick (im Augenmerk)', rief er ärgerlich und rief seinen Hund:
‚Fix kumm, 't Sticheln un Stacheln geiht al weer löß' und verließ
die Kirche. (→ vdK / Sch 1993, Nr. 177).

Riepster Teebüsse.
Der Riepster Kirchturm wird als *Teebüsse* (Teedose) bezeichnet.
Der achteckige Glockenturm steht auf einem viereckigen Funda-
ment und erinnert an eine alte Teedose.

Holtriemers hebbt
scharp Taschendöker in d' Task

R o g g e n s t e d e (Samtgem. Dornum, Ldkr. Aurich)
Liek to - liek an, as de Düvel na Roggstee (Roggenstede).

In Roggenstede muß es in alter Zeit nicht geheuer gewesen sein, da der Teufel dort mit Hörnern, Schweif und Klauen längere Zeit in der Kirchtür gestanden haben soll. Die Roggensteder behaupten jedoch, dies sei in Westerholt geschehen.

Das Sprichwort erinnert an den bekannten Reisespruch der Hexen zum Brocken: Liek ut, liek an (geradeaus), nargends an, na 'n Blocksbarg.

R y s u m (Warfendorf. Gem. Krummhörn, Ldkr. Aurich)
Tüsken de Rys'mer un de Wir'mer (Wirdumer) *Toren hebben de Hexen en Liene schoren* (gespannt),
so daß kein Feind über die Leine hinwegkam, ohne ein Bein zu brechen.

Loquard, Rysum und Wirdum galten als *Hexenlogen* (Hexendörfer).

Wiekt jo Wirmers (Wirdumer), *de Rysumers komen.*

Die Rysumer galten gleichfalls als besonders gute Schlittschuhläufer, denen die Wirdumer möglichst auf dem Eise Platz machen sollten.

Ein Krummhörner Schaukelreim beginnt mit den Zeilen:
Jan wull na Rys'm to,
Rys'mer Dören satten to...
(Blikslager 1928: 32)
→ Krummhörn

S a n d e (Gem., Ldkr. Friesland)
Sander Ohrensager.
Die Sander sollen einst von einem Backtrog die Ecken abgesägt und diesen als Sarg verwendet haben.

S a n d h o r s t (Stadt / Ldkr. Aurich)
→ Aurich

S a n k t J o o s t (Gem. Wangerland, Ldkr. Friesland)
Die Sankt Jooster heißen *Traanpüllen*, da die weniger betuchten Einwohner, namentlich von Crildumersiel, zur Beleuchtung vor allem Tran verwendeten. Die Tranlampen sollen kleine Kruken aus Steingut mit zwei Ohren gewesen sein.

S c h o r t e n s (Gem., Ldkr. Friesland)
Schortenser Hundehangers (fälschlich auch: *Hundedragers*).
Als 1738 in Upjever der letzte Wolf des Jeverlandes erlegt wurde, hängte man ihn an eine Eiche. Fortan wurde die Schortenser *Hundehangers* genannt, weil böse Nachbarn behaupteten, das erlegte Tier sei kein Wolf, sondern ein verwilderter Hund gewesen.
Man erzählte auch, daß die Schortenser früher die überflüssigen Hunde, die man sonst zu erschießen pflegte, aufgehängt hätten.
Eine bekannte Redensart war auch:
Liebster Jesu,
wir sind hier, de annern sünd to Schortens.
Das sollte heißen: Hier sind wir!

S c h w e r i n s d o r f (Samtgem. Hesel, Ldkr. Leer)
Der Ort wird seit langem *Stern* bzw. *Steern* (ndd.) genannt, die Einwohner *Steerner.* Der Name rührt vermutlich daher, daß ‚up d' Steern‘, bei der heutigen Gastwirtschaft ‚Goldener Stern‘, mehrere Straßen sternförmig zusammenlaufen.

Schwerinsdorf gehörte zur Kirchengemeinde Firrel. Die Firreler spotteten über die Nachbargemeinde:
Stern, Stern, du armer Wurm,
hast kein' Flügel
und kein' Turm.
(d.h. das Dorf besitzt weder eine Mühle noch einen Kirchturm).

Sternlein, Sternlein, du armer Wurm,
hast keine Kirche und keinen Turm.

S e n g w a r d e n (Stadt Wilhelmshaven)
Sengwarder Schaapdeven
nennt man die Sengwarder, weil in einer Fehde der Häuptling
Alke von Inhausen († 1474) mit Hilfe der Sengwarder den Knip-
hausern die Schafe fortgenommen haben soll. Eine spätere Erklärung bezieht sich darauf, daß einst auf dem Sengwarder
September-Pferdemarkt das gängige Mittagsgericht Weißkohl
(Buuskohl) mit Schaffleisch gewesen ist. Dabei behauptete man,
daß unter den zahlreichen geschlachteten Schafen sicherlich auch
manches gestohlene gewesen sei.

S i e b e s t o c k (Samtgem. Hesel, Ldkr. Leer)
Liggt en Stock tüsken Holtland un Hasselt,
dar kann nüms mit hauen.
(auch: *liggt en Stock achter Holtland*).
Rätsel

S i e g e l s u m (Alt Siegelsum / Neu Siegelsum; Samtgem.
Brookmerland, Ldkr. Aurich)
Siegelsumer Kattulen (Eulen, Käuze).

S i l l e n s t e d e (Gem. Schortens, Ldkr. Friesland)
Sillensteder Puutaale bzw. *Puut-* oder *Putenfanger.*
Die Sillensteder sollen einst beim Aalpricken (Aalstechen) nur
Puutaale (Schlammpeitzger) gefangen haben, die sie aber - so
heißt es - arglos als Quabben (Aalquappen) verzehrt hätten.

De ollen Sillensteder Wiever sünd bi 't Goseplücken (Gänse-
rupfen) sagte man in Kniphausen, wenn es schneite.
Dat geiht een üm 't anner.
oder:
Een Kroos üm 't anner, as de Sillensteder Gört.
Wenn die Sillensteder in alter Zeit Grütze (Gört) zum Jeveraner
Markt brachten, sollen sie für ein Kroos (Krug, ca. 1 l) unterschiedliche Preise gefordert haben. Das Sprichwort bedeutete später nur noch: abwechselnd.

Als jemand einst zu einem Sillensteder, der eine gestreifte Weste trug, sagte: *Du dreggst 'n echt Sillensteder West,* soll der Sillensteder überaus zornig geworden sein.

S p e t z e r f e h n (Gem. Großefehn, Ldkr. Aurich)
Spetz(t)er Klatten,
Hangelatten,
schieten in d' Schoh.
Darmit gahnt se na Strackholt to.

Spetz(t)er Klatten
hebben Speck achter de Hacken.
(oder: *mit Speck achter d' Hacken*)
Spott der Strackholter über die Spetzerfehntjer. Speck ist möglicherweise euphemistisch für Dreck. Genauso hieß es von Stiekelkamp.
→ Stiekelkamp, Strackholt

S p i e k e r o o g (Inselgem., Ldkr. Wittmund)
In den bekannten Reimen von den Ostfriesischen Inseln heißt es:
Spiekeroog, de Krone
bzw.
Spiekeroog hett sien Naam verloren.

Scherzhaft nannte man einst die Insel auch *Sandbackeree* (Sundermann).
→ Inseln, Ost- und Westfriesische

S t a p e l m o o r (Stadt Weener, Ldkr. Leer)
In Stapelmoor, in Stapelmoor,
dar wohnt 'n Wiev, 't heet Antje.
Wenn ik dar koom, wenn ik dar koom,
dann braden s' Puren in 't Panntje.

S t e d e s d o r f (Samtgem. Esens, Ldkr. Wittmund)
Sted'sdörper Strümp
(zwei Paar übereinander getragene Strümpfe).

De is van Sted'sdörp,
hett twee Paar Strümp an.

Die Wege zwischen Stedesdorf und Esens waren vom Herbst bis zum Frühjahr häufig so grundlos und schlammig, daß vor allem Frauen ein zweites Paar Strümpfe anzogen.

S t e e n f e l d e r f e h n (Gem. Westoverledingen, Ldkr. Leer)
Feldjer Moorhahntjes.
Die Ortschaft lag an der Grenze zwischen Moor und Geest.

S t i c k h a u s e n (Samtgem. Jümme, Ldkr. Leer)
Stickhuser Klatten.
→ Potshausen-Leyhe

Stickhuser Wind.
‚…halten die Einwohner stets auf gutes, feines Benehmen; man nennt dies in den Nachbarorten Stickhuser Wind' (Notiz des Lehrers Bernhard Behrends a.d. 19. Jhdt.).

Der Ort wurde damals wegen seiner ‚geselligen Verhältnisse' in weitem Umkreis auch *Klein-Paris* genannt. Ähnlich wie ‚Wind' weist dieser Beiname, eher anerkennend als spöttisch gemeint, darauf hin, daß die Einwohner etwas Besseres darstellen wollten und sich auch so gaben, sich besser kleideten, gehobene Manieren pflegten usw. Der Vergleich eines deutschen Ortes mit Paris findet sich bereits im 18. Jahrhundert und später in Goethes Faust. In Auerbachs Keller singt Frosch: … ‚mein Leipzig lob ich mir! Es ist ein klein Paris und bildet seine Leute.'

Vandage hen to susen
un mörgen na Stickhusen
un övermörgen Bessemsmaken.
Das Leben ist ein Auf und Ab.

Stickhusen is en Stadt,
Detern is noch wat,
Fils'm is 'n Schietgemack (‚Scheißhaus').
Stickhausen war Verwaltungssitz sowie gesellschaftliches und kulturelles Zentrum des Alten Amtes Stickhausen. Detern war kirchlicher Mittelpunkt, Sitz der Superintendentur.
Die abfällige Einschätzung von Filsum dürfte sich auf den Zustand der nicht gepflasterten Dorfstraßen des damals rein landwirtschaftlich strukturierten Ortes bezogen haben. Da die Kühe

In Ihren, wor de Swien' gieren,
wor de Kalver blarren, wor de
olle Wieven gnarren

morgens auf den Straßen zur Gemeindeweide und abends zurück in die Ställe getrieben wurden, zudem die Straßen gesäumt waren von vielen Misthaufen, vermengte sich vor allem bei Regen der Kot der Tiere mit der Jauche der Misthaufen, so daß die Straße eher einem ‚Schietgemack‘ als einem Verkehrsweg glich.

S t i e k e l k a m p (Samtgem. Hesel, Ldkr. Leer)
Stiekelkamper Klatten,
hebben Speck an de Hacken.
Speck wohl euphemistisch für Dreck.

S t r a c k h o l t (Gem. Großefehn, Ldkr. Aurich)
De Strackholders mit hör Schiet, Schiet, Schiet,
dat smieten se an de Weg bisied.
Dar puttjen se dör, dar puttjen se dör
un kriegen 'n moje lechtbrune Klör.

Strackholter Buren
mit Kohschiet unner d' Sluren.
Spott vor allem der Spetzerfehntjer über ihre Nachbarn.

T e r h a l l e (Gem. Großheide, Ldkr. Aurich)
→ Arle

T h e e n e r (Samtgem. Hage, Ldkr. Aurich)
→ Hagermarsch

T h u n u m (Samtgem. Esens, Ldkr. Wittmund)
Thun'mer Bockhexen.
Die Thunumer sollen einst ihre eigenen Katzen, die ihr Wesen auf dem Bock oder First ihrer Häuser trieben, als Hexen angesehen haben (→ vdK / Sch 2003: Nr. 348).

T i m m e l (Gem. Großefehn, Ldkr. Aurich)
Wenn 't up is, wenn 't all is,
wor krieg wi wat weer?
Dann gahn wi na Timmel
un bedeln wat weer.
Die ersten beiden Verse wurden auch wohl ergänzt ohne Ortsbezug durch die Zeilen:
Wenn 't sööt is, wenn 't suur is,
dann lüst wi nix mehr.

Es gab noch einen weiteren, böseren und nicht ortsbezogenen Text:
Wenn 't up is, wenn 't all is,
bescheert leev Gott mehr.
Wenn 't een oll Wiev dood is,
steiht de anner vör Dör.
Vgl. Upgant-Schott

All up in Timmel,
in Ulbargen is noch wat,
Ulbargen is dat Botterfatt.
oder 2. und 3. Zeile auch:
in Bagband gifft 't noch wat.
Bagband is 'n Botterfatt (oder: *Botterstadt*).
Der Reim soll den folgenden historischen Hintergrund haben: Im 18. Jahrhundert verendeten durch eine Viehseuche sämtliche Rinder in Timmel. Nur in Ulbargen soll eine Kuh überlebt haben.
Vgl.: Schuster 2001: 467 f.

Karkdörp, dat Wuddelloog

Timmel liggt midden unner de Himmel.
Un wenn du weetst, wor Timmel is,
denn weetst du ok wor d' Himmel is.
Timmel liggt midden unner d' Himmel.
Man wat liggt midden in Timmel?
Rätsel (Antwort: mm)
Timmel liggt midden unner de Himmel,
Fell (Felde) *liggt midden boven de Hell* (Hölle).
Beide Orte liegen südlich von Aurich. Fragt man den Sprecher,
wieso er dies so genau wüßte, wird wohl erwidert:
De 't neet löven will, kann 't utmeten!

U l b a r g e n (Gem. Großefehn, Ldkr. Aurich)
Ulbargen is 'n Botterstadt,
de wat hett, de ett sük satt,
well nix hett, kann nix kriegen
un mutt ut Stadt Ulbargen blieven.
Die letzten beiden Zeilen dürften sich auf die damalige Armenver-
sorgung bezogen haben. Die Kommunen waren bemüht, nur die
ortsansässigen Armen zu unterstützen und unbemittelte Menschen, vor allem Vagabunden, aus anderen Orten (z.b. von den
Fehnen) abzuweisen.
→ Boekzetelerfehn, Hage, Norden, Timmel

U p g a n t - S c h o t t (Samtgem. Brookmerland, Ldkr. Aurich)
Schottjer Klatten hangen bi d' Latten,
freten de Lusen bi Hunnert un Dusend.

Wenn 't up is, wenn 't all is,
wor krieg ji wat weer?
Denn gah ji na Schott hen un bedeln wat weer.
Schott = Ortsteil von U.-S. Vgl. Timmel

U p h u s e n (Stadt Emden)
Uphusen wird *Karmelksloog* genannt, das Buttermichdorf, weil es
dort einst mehr Weide- als Ackerland gab. Bis in die neueste Zeit
wird es auch als *Hexenloog* bezeichnet, da um 1550 mehrere
Frauen aus Uphusen als Hexen angeklagt und verurteilt wurden.

Beim langsamen Buttern (Auf- und Abbewegen des Puls [Stoßhol-
zes] in der Butterkarne) hieß es:
Van Uphusen na Wolthusen!
Van Uphusen na Wolthusen!
Vgl. Borssum

U p l e n g e n
→ Remels

U p l e w a r d (Gem. Krummhörn, Ldkr. Aurich)
→ Krummhörn

U p p u m (Nord- bzw. Süduppum. Samtgem. Esens, Ldkr.
Wittmund)
't geiht all na Uppum.
Wortspiel: es geht alles ‚auf‘, wird alles verzehrt.
Du sallst nahst mit na d' Upp'mer Goosmarkt.
Spott für Kinder, die zu sehr drängelten. Das Harlingerland war
einst bekannt für seine Gänsezucht.

U p s t e d e (Stadt / Ldkr. Wittmund)
Upsteder Develn
heißt es in einem Harlinger Kirchspielreim.
→ Harlingerland

U t g a s t (Samtgem. Esens, Ldkr. Wittmund)
Utgast, hollt fast.
Die Bedeutung des Satzes ist unklar, er wurde vermutlich nur
wegen des Reimes geprägt.

U t t u m (Warfendorf, Gem. Krummhörn, Ldkr. Aurich)
't is all na Uttum.
Wortspiel, gemeint ist: 't is all up (nach Hibben)
→ Uppum

V a r e l (Stadt / Ldkr. Friesland)
wurde einst in der Umgebung auch wohl *Stutenstadt* genannt.

V e e n h u s e n (Gem. Moormerland, Ldkr. Leer)
Veenhuuster Klatten,
hangen an de Latten,
um 'n Stückje Brood,
slagen se sük dood.

Veenhuuster Beton.
In Veenhusen wird Sand und Kies in großen Mengen abgebaut.
Veenhuuster Beton nennt man Beton (oder auch Mörtel), der zu
mager ist. Übertrieben wird gesagt: 1 Teil Zement auf 4 Teile Sand
bzw. auf die gesamte Sandmenge. Wenn man so etwas feststellt,
sagt man:
Dar hebben s' een to Veenhusen maakt.
Vgl. Heisfelde

Auch Veenhusen wird bis in die neueste Zeit gern als *Hexenloog*
bezeichnet (Daniel: 35).

V e l d e (Samtgem. Jümme, Ldkr. Leer)
Veldmer Klatten.

V i c t o r b u r (Ost-, Süd-, West-V.; Gem. Südbrookmerland,
Ldkr. Aurich)
Welker Buur achter Auerk kummt noit wieder?
Antwort: *Vitterbur* (Victorbur)

V i s q u a r d (Gem. Krummhörn, Ldkr. Aurich)
De Viskerders mit hör Dreevördelbüxens.
Spott der Jenneiter über die Visquarder. Visquard war die ärmere
Gemeinde, die jungen Leute trugen früher häufig Hosen, aus
denen die Träger sichtbar herausgewachsen, bzw. deren Hosen-
beine abgeschnitten waren.

Visquard is mien Vaderland,
un darum draag ik Moot.
Wenn ik d' Visquarder Toorn ankiek,
dann krullt mi 't Haar up d' Huud.

‚Visquard hat weder viele noch hohe Türme, sondern, wie die meisten Dörfer im Krummhörn, nur eine Turmspitze auf dem Kirchdache, in der die kleine Glocke für das Uhrwerk hängt, und einen an der Ostseite der Kirche stehenden niedrigen Turm ohne Spitze mit den beiden Hauptglocken. Die Kirche steht aber, weithin sichtbar, auf dem höchsten Punkt der Dorfwarf. Neben der Kirche hat die einst wohl auch betürmte Burg der Manningas gestanden. Auch die ganz nahe gelegenen Ortschaften Dykhusen und Appingen haben ehemals Kirchen gehabt. Vielleicht daher die Bezeichnung ‚Toornloog'?' (Buisman).
Vgl. Pilsum

V ö l l e n e r k ö n i g s f e h n (Gem. Westoverledingen, Ldkr. Leer)
Hunnsteert oder *Hunne(n)makeree* wurde der Ort einst genannt, die Einwohner hießen *Hunnsteertjers*. Der Begriff hat sich noch im Straßennamen ‚Hundsteert' erhalten. Möglicherweise ist der Name entstanden, da die überaus armen ersten Siedler als einziges Transportmittel Hundekarren besaßen.
Man sagte auch: *Hunnsteertjer Slockohren* = Schlappschwänze, dumme, gutmütige, träge Menschen, eigentl.: Schlappohren.
Vgl. Großefehn, Hundsteert

W a d d e w a r d e n (Gem. Wangerland, Ldkr. Friesland)
Waddewarder Ziefersöker.
→ Fedderwarden

W a l l e (Stadt / Ldkr. Aurich)
→ Aurich

W a l l i n g h a u s e n (Stadt / Ldkr. Aurich)
He kummt van Wallinghusen, de hett Speck achter de Kusen.
Wall'nhuser Klatten
hebben Speck achter de Hacken.
Speck möglicherweise euphemistisch für Dreck.
→ Aurich

W a l l u m (Samtgem. Esens, Ldkr. Wittmund)
't geiht in (es geht ein = hört auf), *as 't Beden to Wallum.*
Die Bedeutung ist unbekannt. Vgl. Minsen

W a n g e r o o g e (Inselgem., Ldkr. Friesland)
→ Inseln, Ost- und Westfriesische

W a r n s a t h (Stadt / Ldkr. Wittmund)
In einem Harlinger Kirchspielreim heißt es:
Warnsather Junkers.
In Warnsath lebten einst mehrere, wie es heißt, verarmte adlige
Familien.
→ Harlingerland

W a r s i n g s f e h n (Gem. Moormerland, Ldkr. Leer)
Rucksackenfehn.
In Warsingsfehn waren viele Seeleute zu Hause, die zumeist auf
den Loggern angeheuert hatten, die bis in die 1960er Jahre von
Emden und Leer auf Heringsfang fuhren. Ihre Seesäcke wurden
allgemein *Rucksacken* genannt.
Wahnsinnsfehn (neueres volkstümliches Wortspiel).
Gegen Ende des 19. Jahrhunderts wurde der Ort auch *Tuffelfehn*
genannt, wegen der guten Qualität der dort angebauten Kartoffeln.

Up 'n Backschöffel van
Langeoog na Spiekeroog tolangen

W a t t (e n m e e r)

,Tied genoog' is in 't Heff bleven.

Heff = Watt (Haff, alter Ausdruck). Der Spruch wurde gern gebraucht, wenn jemand zur Eile ermahnt, antwortete, es sei ,Tied genoog'. Man erzählte: Vor Zeiten wollte ein Mann bei Hilgenriedersiel zu Fuß durch das Watt gehen. Auf mehrfache Mahnungen, sich auf den Weg zu machen, soll er immer wieder geantwortet haben: ,'t is noch Tied genoog'. Als er schließlich gegangen war, wurde er von der Flut überrascht und ertrank im Watt.

W e e n e r (Stadt, Ldkr. Leer)

Auf den Weeneraner Meentelanden soll einst eine ,volkreiche' Stadt mit Namen ,Weenen' gestanden haben. Die Sage erzählt von den Freveln ihrer Einwohner, so daß Gott die Stadt zur Strafe untergehen ließ. Gern zitiert werden bis heute die Zeilen, die ein Vogel sang, der den Bewohnern Weenens den Untergang verkündete:

Weenen, Weenen sall vergahn,
sall kien söven Jahr mehr stahn.
(vdK / Sch 2003, Nr. 230)

Wi Weenger (Weeneraner) Wichter wullen witt wullen Wams wasken.
Witt wullen Wams wullen wi Weenger Wichter wasken.
Zungenbrecher

Ween(g)er Water.
Beliebter ,Ecks' Weizenkorn der Firma S.F. Koolman & Co., Weener.

In seinem niederdeutschen Roman ,Dat Hus sünner Lücht' nennt Fritz Lottmann Weener *Stiefgatt.*

W e r d u m (Samtgem. Esens, Ldkr. Wittmund)

Werdumer Wurstbidders.

Früher war es Brauch, daß die Gemeindeangestellten (Nachtwächter, Totengräber, Lehrer usw.) zu Neujahr rundgingen und ihren Anteil u.a. an Mettwürsten abholten. Im Harlingerland galt diese Sitte nur in Werdum, und deshalb kamen die Werdumer zu ihrem Beinamen (vgl. vdK / Sch 2003: Nr. 351).

Werdumer Schinken.
Im Dreißigjährigen Krieg belagerten Mansfelder Landsknechte die Werdumer Burg, um die Besatzung auszuhungern. Die Verteidiger hielten schließlich in ihrer Not einen Schinken zum Fenster hinaus, zum Zeichen, daß sie noch reichlich Proviant hatten. Die List hatte Erfolg, die Belagerer zogen ab.

W e s t e r a c c u m, W e s t e r a c c u m e r s i e l (Samtgem. Dornum, Ldkr. Aurich)
Wat is d'r 'n Wind in Westerbur…
wat is d'r 'n Staat in Accum.
Die Verse beziehen sich auf luxuriösen Aufwand z.B. an Kleidern und Schmuck. Vor allem im Gegensatz zur benachbarten ärmeren Geest war das Kirchspiel Accum sehr wohlhabend, das Kirchdorf sehr stattlich.

In Accum dreihn s' di d' Nack um.
Spottvers

Acc'mersieler Kattenhacken.
Kinderspott (möglicherweise euphemistisch für ‚Kack [an de] Hacken' o.ä. Katten nannte man aber auch hier und da junge Leute beiderlei Geschlechts).

Acc'mer Buuskohlkoppen
wurden die Accumer gleichfalls genannt, denn um den Ort herum wurde jahrhundertelang in großem Maßstab Weißkohl angebaut.

Acc'mer Buuskohl is so sööt as 'n Nööt (Nuß)
sagte man einst in Aurich.
Eine Scherzfrage lautete:
Wat is söter as Acc'mer Buuskohl?
Antwort: *'n söte Acc'mer Deern* (Mädchen).

W e s t e r b r a n d e (Gem. Großheide, Ldkr. Aurich)
→ Arle

W e s t e r b u r (Samtgem. Dornum, Ldkr. Aurich)
Wat is d'r 'n Wind in Westerbur…
Die Westerburer galten als Angeber und Großmäuler.

Westerbursk' Engels
wurden die dickbackigen Engelsköpfe genannt, die man auf einer Reihe von Grabsteinen bis heute auf dem Kirchhof findet. Die Steine und die Engel sind alle etwa gleich groß, so daß sie vermutlich alle von einem lokalen Steinmetz geschaffen worden sind, der auch noch für einige Grabsteine auf anderen umliegenden Friedhöfen in der Gegend verantwortlich zu sein scheint. Der Begriff 'Westerbursk' Engels' wurde auch auf die Mädchen des Dorfes übertragen.

Westerburer Steerns
nannte man die weißen 'Kleckse' an dem dunkelgrünen Kirchenhimmel der Westerburer Kirche, die den Sternenhimmel darstellen sollten.
→ Westeraccum

W e s t e r h u s e n (Gem. Krummhörn, Ldkr. Aurich)
→ Krummhörn

W e s t e r m a r s c h (Stadt Norden, Ldkr. Aurich)
Harr de Westermarsk keen Diek,
denn weer se riek.
2. Zeile manchmal auch:
so was der neet siens gliek. (DK 3: 545)

Wenn sie (die Westerglocke in Norden) die Westermarsch nicht mehr beklingt, die See der Marsch das Grablied singt (Vgl. vdK / Sch 2003, Nr 223).

W i a r d e n (Gem. Wangerland, Ldkr. Friesland)
De glatten Wiarder.
Vermutlich galten die Wiarder als übertrieben freundlich und scheinheilig. Glatte Woorden = Schmeicheleien u.ä. (Strackerjan 2: Nr. 604).

W i c h t e (Samtgem. Hage, Ldkr. Aurich)
→ Arle

Wenn der 'n Kreih over't
Ies hen kann, denn kummt
der ok al 'n Riepster an

W i e s e d e r m e e r (Gem. Friedeburg, Ldkr. Wittmund)
Wor sünd ji her?
Van 't Wiesedermeer.
Wat harr ji lehrt?
't Weven.
Wat sall 'k jo geven?
Een Daler un de Köst.
Dat geev 'k jo nich!
Denn weev'k ok nich.
Goden Dag, Baas.
Goden Dag, Klaas.
Zwiegespräch zwischen Bauer und Weber. Die Weber kamen
früher auf die Höfe, um dort den Bedarf an Stoffen zu weben.

W i l h e l m s h a v e n (Stadt)
Schlicktau bzw. *Schlicktown* ist ein bis heute verwendeter Über-
name für Wilhelmshaven. Er wurde ursprünglich geprägt, als die
Stadt zur Kaiserzeit ein bedeutender Kriegshafen war. Er ist zu-
sammengesetzt aus dem Wort ,Schlick' und ,tau', der zweiten
Silbe von Tsingtau, Hauptstadt des einstigen deutschen Pachtge-
bietes Kiautschau in China (1898-1914). Zahlreiche Wilhelms-
havener Marinesoldaten waren vor dem Ersten Weltkrieg in
Tsingtau stationiert. Im Gefolge des allgemeinen Trends nach dem
Zweiten Weltkrieg, alles zu anglisieren, wurde aus ,Schlicktau'
,Schlicktown'.

Das Kfz-Kennzeichen WHV wird gedeutet als: *Wir haben Vor-
fahrt.*
→ Fedderwarden, Heppens, Kniphausen, Neuende, Ostfriesland,
Sengwarden

W i r d u m (Gem. Krummhörn, Ldkr. Aurich)
→ Rysum

W i t t m u n d (Stadt / Ldkr. Wittmund)
Wittmunder Galpsacken (Schreihälse).

Die Schuster von Wittmund führte einst ihr Weg durch Middels,
als dort gerade Kirchzeit war. Sie nahmen am Gottesdienst teil,
sollen aber so stark mitgesungen (gegalpt) haben, daß der Pastor

sie besonders begrüßte als unwillkommene Sonntagsgäste mit den Worten:
‚Gesegnet seid ihr Osterlooger,
gesegnet seid ihr Westerlooger,
aber verflucht seien die Wittmunder Galpsacken.‘

Wittmunder Lunge(n)freters. Einst in Esens gebräuchlicher Spott, weil die Wittmunder bei ihrem alljährlichen Gesangsvereinsfest zwischen Weihnachten und Neujahr traditionell Lungenhaschee aßen.

Hier und da hieß es auch in Esens:
In Wittmund mugg ik nich dood over d' Heeg hangen.
Witttmund is kien Mutt of Bigg, ik kien Stadt un ok kien Dörp.
Wittmund is 'n flörigen (blühender) *Flecken, to 'n Stadt will dat nich recken.*
‚Wittmund ist weder Sau noch Ferkel ...‘ Nachdem Wittmund seine (1567 erhaltenen) Stadtrechte verloren hatte, kam dieser Spruch auf. Erst 1929, als man dem Flecken erneut die Stadtrechte verlieh, verloren die Verse ihren Sinn.

An de geel Siet gröön as Wittmund.
Nach dem Ersten Weltkrieg entstandene spöttische Redensart. Am westlichen Stadtrand von Wittmund stand damals ein Wohnhaus, dessen Vorderseite in einem grellen Gelbgrün gestrichen war.

Welker Mund in Ostfreesland is nooit rood?
Antwort: *Wittmund* (Rätselfrage).

Das Kfz-Kennzeichen WTM wird gedeutet als *Wir trinken Milch* oder *Wir töten Menschen*, bezogen auf die angeblich schlechte Fahrkunst der Harlingerländer.

W o q u a r d (Gem. Krummhörn, Ldkr. Aurich)
→ Krummhörn

W ü p p e l s (Gem. Wangerland, Ldkr. Friesland)
Traanpullsnesen (‚Tranflaschen-Nasen‘) wurden die Wüppelser genannt. Vgl. Sankt Joost.
Pulle = Flasche, Kruke; Nees = Nase

W y m e e r (Samtgem. Bunde, Ldkr. Leer)
Nehm di kien Frau van Wymeer,
de bruukt 'n Foor (Fuder) *Törf mehr.*
Frauen aus W. galten als verschwenderisch, lebten auf großem
Fuß u.ä.

Siegelsumer Kattulen

Verzeichnis der Necknamen
Einwohner und Orte

Bagbanditen	Bagband
Beddenverknüllers	Inseln
Blaffers	Isums
Bockhexen	Thunum
Bookweitenschubberts	Fehne und Moor
Botterfatt	Timmel
Botterloog; -stadt	Riepe; Timmel, Ulbargen
Buttsteker	Oldorf
Buuskohlkoppen	Emden, Westeraccum
Delftspucker/s	Emden
Deuters, dicke D.	Dunum, Harlingerland
Devegatt	Aurich
Deven	Aurich, Harlingerland, Osterhusen, Upstede
Dickkoppen	Leerort, Logabirum, Ostrhauderfehn, Rheiderland
Dreevördelbüxens	Visquard
Eerdmanntjes	Barkholt
Eintagsfliegen	Inseln
Engels	Westerbur
Fahlfangers	Hooksiel
Fehn- bzw. Fehntjer Biggen	Fehne und Moor
Fillers	Buttforde
Fiskwiev	Emden
Fleuters	Harlingerland, Negenbargen
Framen	Accum
Fuutker	Plaggenburg
Galpsacken	Wittmund
Ganten, Göse	Asel, Eggelingen
Gaudeven	Arle
Geelbeenten	Leerhafe
Goseplücken; -wahren	Nöttens; Sillenstede
Grantsacken	Neuende
Hafenbuttjers	Emden

Handtaskenvolk	Ihrhove
Hangelatten	→ Lattenhanger
Hexenloog	Aurich, Riepe, Uphusen, Veenhusen
Hoogmiegers	Hohenkirchen
Horenloog	Aurich
Hottentotten	Esens
Hundedragers	Schortens
Hundehangers	Schortens
Hund- bzw. Hunnsteert	Hundsteert, Völlenerkönigsfehn
Hunne(n)makeree	Völlenerkönigsfehn
Jahnuppers	Abbickenhausen
Jan van 't Moor	Fehne und Moor
Jungensloog	Blersum
Junkers	Harlingerland, Warnsath
Kaaen	Hage
Kanienfreter	Borkum
Kantsitters	Eggelingen
Karmelksloog	Uphusen
Kartuffelloog	Blersum
Kattenhacken	Westeraccum
Kattenjagers, Kattenjagd	Hatzum
Katt(en)schiet	Hopels
Kattulen	Siegelsum
Keerl mit 'n Bookweiten-Jickert	Fehne und Moor
Ketzers	Harlingerland
Klatten; Klattjes	Detern, Firrel, Groß Midlum, Holtland, Middels-Osterloog, Midlum, Osterhusen, Potshausen Leyhe, Riepe, Spetzerfehn, Stickhausen, Stiekelkamp, Upgant-Schott, Veenhusen, Velde, Wallinghausen; Midlum
Klockendeev'	Carolinensiel
Klüütjebackers	Aurich
Knüppels	Holtriem
Kohfladenbranners	Borkum
Kraihen	Lütetsburg
Krinthenkacker	Fehne und Moor

Krinthenmehlpüüt	Hamswehrum
Langsteerten	Ditzum
Lattenhanger, Hangelatten,	Groß Midlum, Middels, Oster-
auch: *se hangen an de Latten*	husen, Riepe, Spetzerfehn, Up-
	gant-Schott, Veenhusen
Lopers	Leer
Lunge(n)freters	Wittmund
Lusenfreters, auch: *Se freten*	Groß Midlum, Middels, Up-
as (oder: *de*) *Lusen*	gant-Schott
Mall ...	Esens
Mehlbüdels	Heppens
Moorhahtjes, -hahnkes	Fehne und Moor, Steenfelder-
	fehn
Naatsacken	Ihrhove
Ohrensager	Sande
Openneersfehn	Neufirrel
Overmoormers	Harlingerland
Paddegroobüxen	Ditzum
Pannkokenstadt	Aurich
Pekelherengswieven	Ditzum, Greetsiel
Pickelpoggen	Ihren
Pogge/n	Aurich
Pott	Norden
Pottjekackers, -schieters	Emden
Prunkers	Burhafe, Harlingerland
Pulsstöck	Oldorf
Purengatt	Krummhörn
Puut-, Putenfanger, Puutaale	Sillenstede
Räuberlandjers	Rheiderland
Roodjackjes	Rheiderland
Rover	Marienhafe
Roverland	Inseln, Juist
Rucksackenfehn	Warsingsfehn
rugen, de r. ...	Minsen
Salamanders	Inseln
Sandbackeree	Spiekeroog
Schaapdeven	Sengwarden
Schalken	Inseln
Schelm/s	Aurich, Inseln

Schietgemack	Stickhausen
S(ch)lickrutschkers	Emden
Schlicktau	Wilhelmshaven
Schlicktown	Wilhelmshaven
Schojers	Arle
Schotthosen	Barkholt
Seerovers	Etzel, Horsten
Sitt-in-de-Hosen	Neuburg
Sleepers	Berdum
Slockohren	Völlenerkönigsfehn
Sluukhals	Emden
Smachtlappen	Nortmoor, Rhauderwieke
Spitzkoppen	Accum
Stackohren	Amdorf, Remels
Stiefe …	Emden
Stiefkoppen	Backemoor, Leer
Stinkgatt	Krummhörn
Strappenluker	Fedderwarden
Strümp	Stedesdorf
Struukrovers	Hesel
Stußlanners	Harlingerland
Stutenstadt	Varel
Supers-Loog	Hesel
Swartwegers	Moordorf
Teebüsse	Riepe
Törfdragers	Emden
Toversche	Juist
Traanpüllen	Sankt Joost
Traanpullsnesen	Wüppels
Tuffelfehn	Warsingsfehn
Tünntjeschieters	Emden
Tuunsinger	Cleverns
Verbrecher	Jever
Verrückter	Jever
Wahnsinnsfehn	Warsingsfehn
Weihslabbers	Funnix
Wind	Bunde, Carolinensiel, Fehne und Moor, Großefehn, Leer, Stickhausen, Westeraccum, Westerbur

Wuddelloog	Kirchdorf
Wurm	Jemgum, Oldersum
Wurstbidders	Werdum
wüste …	Burlage
Ziefer(t)söker	Fedderwarden, Waddewarden

Die Ostfriesen und ihre Nachbarn
Ein kurzer Blick über die Grenzen
I. Nach Westen: Niederlande

Die deutschen Wanderarbeiter und Hausierer wurden im 19. Jahrhundert in den Niederlanden allgemein *poepen* genannt, sie galten als dumm und einfältig. Bis heute haben sich im Volksmund zahlreiche Schwänke und Witze, zumeist Varianten der Laleburger und Schildbürgerschwänke erhalten.

Poep (ndl.) = Puup war der niederländischer Spottname für Deutsche (früher vor allem für Preußen), zeitweilig aber auch für Groninger und Katholiken (von den Westfriesen gesagt). Die ursprüngliche Bedeutung ist: Scheiße, Kot, Haufen, Pup, Wind.

Noch vor einigen Jahrzehnten waren die folgenden Spottverse üblich zwischen Niederländern und Deutschen:

Hollandse Pupen (poepen)
lüssen keen Supen
lüssen keen Melk,
o, wat sünd de hollandse Pupen lelk.

Die Antwort war:

Düütse Mucken (muggen)
stinken as Bucken,
miegen in 't Glas
meenen, dat 't klaar Genever was.

mug (ndl.) = Mücke, Winzling; lelk = böse, schlecht usw.; lüssen, d.h. lüsten = mögen

Mof, Muff
dummer, gemeiner, schlechter, nichtsnutziger, ekelhafter, unausstehlicher Kerl, mürrischer, dummer, einsilbiger, ungehobelter Mensch.
Schimpfwort der Niederländer (mof = ‚Fritz', ‚Teutone') ursprünglich für die Westfalen, dann für alle Deutschen und auch zuweilen umgekehrt: *Du Hollander Muff.*

Als de mof is arm en kaal
dan spreekt hij een bescheiden taal

komt hij tot een groote staat (Zustand, Status)
dan doet hij God en mensen kwaad.
Alte niederländische Redensart.

De beste mof heeft nog een paard gestolen.

Nu is Holland in Nood.

Der Spruch geht vermutlich zurück auf den Einfall der Spanier in die Niederlande unter Herzog Alba (ab 1567) und die Inquisition zurück, kann aber ursprünglich auch auf andere (Natur)katastrophen, wie Sturmfluten bezogen worden sein. Heute wird er nur noch übertragen gebraucht, z.b.: Jetzt sieht 's schlimm aus, ist man in großer Bedrängnis, ist guter Rat teuer. Der erste niederländische Beleg stammt aus dem Jahr 1561.

He geiht der dör as 'n Hollander.
Er geht durch dick und dünn, geht rücksichtslos vor oder auch: er flieht (ist feige).
Die Redensart bezieht sich möglicherweise auf holländische Söldner in fremden Heeren.

Haal-na-di! is 'n Hollander
sagt man von jemandem, der etwas habgierig an sich reißt.

Hollands spreken
steht für: grob sein, unanständige Redensarten führen.

Amsterdam('ken), as ik di noch eenmal so kwamm, sullt du neet vööl behollen, sä de Fäling, do harr he d'r dartig Gulden mitbrocht.

'n Dübbeltje (20 Cents-Stück) *kann mall rullen, sä de Matroos, do harr he bi Amsterdam een verloren un funn bi 't Kap een weer.*

Der folgende, ursprünglich niederländische Abzählreim war einst in Ostfriesland sehr bekannt.

Amsterdam, du grote Stadt,
büst gebaut up Pahlen,
wenn du nu ins ummefallst,
well sall dat betahlen?
Ik of du of Peters Piet?
Peter Piet mit d' Scheer up d' Siet,
de sall dat betahlen.

In Amsterdam sind viele Häuser gegründet auf eingerammten Pfählen, die ursprünglich aus Holz waren. Das Umfallen ist natürlich eine kindliche Schreckensphantasie. Dennoch bestand im 18. Jahrhundert die Gefahr, daß große Teile von Amsterdam umstürzten. Um 1730 traten plötzlich zahlreiche Schiffsbohrwürmer (Teredo navalis) auf, die vermutlich mit Schiffen aus Übersee eingeschleppt worden waren. Die Würmer durchbohrten Schiffswände und Pfähle an den Dämmen, bis sie durch einige strenge Winter getötet wurden.

Bevor die Norderneyer Schaluppen zum ersten Fang im Frühjahr wieder in See gingen, mußten sie aus ihrem Winterlager in das Wasser gezogen werden. Bei diesem ‚Slupenofslepen' (Abschleppen der Schaluppen), einer nicht ganz leichten Arbeit, sangen die Norderneyer:
Amsterdam, Rotterdam, haal hum an,
Arvten, Bohnen, Gört
sleit de Hunger dood,
haal hum an, Magersmann,
Janever in de Kann,
haal hum an.
oder auch:
Arvten, Bohnen, Gört
sleit de Hunger dood.
Mörgen, Mann,
Janever in de Kann!

Haal 'm d'r an:
Amsterdam,
Rotterdam.
Haal stief, haal an.
Mager(s)mann = Tau am Vormarssegel

Auch beim Stapellauf eines Schiffes hieß es:
Amsterdam, Rotterdam:
Haal stief, haal an!

In einem auf der Insel Wangerooge aufgezeichneten Reim bei einem Kriegenspiel hieß es:
Hollander, Seelander,
Kattenfreter, Muckenfreter (Mückenfresser).

Hopp, hopp, hopp, hopp, Hafermann
treckt sien Peerd de Toom an,
ritt darmit na Amsterdam,
van Amsterdam na Spanjen,
haalt Appels van Oranien,
gifft all lüttje Kinner wat,
de groten kriegen klipp-klapp-klapp.
Kinderreim.
Appels van Oranien = Apfelsinen, Orangen

II. Nach Osten: Oldenburg und Bremen

Über die Oldenburger und Ostfriesen als Zielscheibe des gegenseitigen Nachbarspotts ist kaum etwas notiert worden, vermutlich weil der Unterschied zwischen Oldenburgern und Ostfriesen eigentlich im Alltag kaum bemerkt wurde. Andererseits wurde noch um 1950 die Landesgrenze zwischen Oldenburg und Ostfriesland durchaus unterschwellig als eine solche empfunden, so daß auch grenzüberschreitende persönliche Beziehungen relativ selten waren.

Bereits im 19. Jahrhundert unterstellten die Ostfriesen ihren oldenburgischen Nachbarn, sie hätten zu große Füße, ein eher gutmütiger Spott gegenüber dem größeren Nachbarn, der symbolisch gemeint sein dürfte, wie z.b. dieses Dööntje zeigt:
De Ollenbörgers hebbt immer groot Foten hatt, dat is bekennt, un an de groot Foten kann 'n ok immer en Ollenbörger an kennen.
Man groot Foten hebben ja ok wat Goods, so för de Moorlü, dar sackst neet so deep mit in, wenn 't Moor week is.
Up en Plaats in Ostfreesland weer mal 'n Ollenbörger, de harr gräsig grote Foten. Wenn de Knechten in d' Sömmer mit hum up 't Feld weren un to Middag 'n bietje rüsten wullen, sään se an hum: ‚Jan Hinnerk legg di up dien Rügg un laat dien Foten na boven stahn, denn könen wi in d' Schaar liggen'. (vdK / Sch 1993, Nr. 107)

Die folgende Scherzrätselfrage erinnert an die Ostfriesenwitze der späten sechziger und siebziger Jahre des vorigen Jahrhunderts, hat jedoch einen realen Hintergrund.
Warum gaht de Ollenbörgers mit 'n Foor Hei in 't Schösteen?
Antwort: *Se hebbt hör Grootdör as Schösteen.*
Es hieß auch: *De arbeiden up Sönndag un fahren hör Hei to d' Schösteen rin!*
Der Rauch des offenen Herdfeuers auf der Diele wurde früher nicht über den Schornstein abgeleitet, sondern mußte sich seinen Weg unter dem Gebälk hindurch aus der Scheunentür suchen.

Man sagte in Ostfriesland auch leicht spöttisch bzw. abfällig:
He kaut linksherum as 'n Ollenbörger Schaap.
oder:
Uns Klocken gahn all na de Ollenbörger Maan (nach dem Oldenburger Mond, d.h. sie gehen unrichtig).

Die Oldenburger erkoren im 19. Jahrhundert die kleine Ortschaft Howiek (Hauwiek), heute zur Stadt Westerstede gehörig, zu ihrem Schilda. Von den Howiekern, aber auch von den Einwohnern einiger anderer, teilweise fiktiver oldenburgischer Orte, wie Kraihwarden, wurden dieselben Schwänke erzählt wie in Ostfriesland von den Fälingern (vdK / Sch 1994, Nr. 74-85).

So gut wie sicher scheint jedoch zu sein, daß die Initialzündung für die Ostfriesenwitz-Welle 1968 im ammerländischen Westerstede erfolgte, also im Land Oldenburg (Raveling 1993: 44 ff.).

Bremen, die nächste dominierende große Stadt hat auch in der ostfriesischen Geschichte verschiedentlich eine Rolle gespielt. So nimmt es nicht wunder, daß eine ganze Reihe von Redensarten mit Bezug auf Bremen auch in Ostfriesland noch heute gern zitiert werden.

Ik bün keen Bremer, ik laat mi 't neet to de Hannen utnehmen,
sagt man auch heute noch, wenn man nicht möchte, daß eine einmal begonnene Arbeit von einem hilfsbereiten Mitmenschen übernommen wird.

Dat is so liek (gerade) *as de Weg na Bremen.*
Allgemeiner Spott für etwas, das schief oder krumm ist, wie auch die Landstraßen nach Bremen natürlich nicht in gerader Richtung verlaufen.

He is so wies as 't Kackhuus (oder: *Kackhüüske* = Scheißhaus) *to Bremen, dat vör luter Wiesheit* (oder: *Klookheit*) *infull.*
Sagt man von überklugen, naseweisen Personen.

Bremen is 'n Sluukhals, harr de Jung seggt, do harr he dor 'n halven Groten vertehrt.

Im Scherz oder als Strafe für eine Unart fragten Erwachsene oder größere Jugendliche früher wohl ein kleineres Kind:

Sall 'k di ins Bremen wiesen?
oder: *Sall ik di de Bremer Gosen wiesen?*
Bejahte das Kind, so nahm man seinen Kopf zwischen die flachen
Hände, hob es in die Höhe und fragte: ‚Hest du 't sehn?' Da die
Prozedur meist schmerzhaft war, antwortete das Kind natürlich
schnell: ‚Ik seh hör!', um möglichst bald wieder Boden unter die
Füße zu bekommen. Dieser Ulk ist auch aus dem Oldenburgischen überliefert und war ähnlich auch in anderen Gegenden, so
in Bayern (Paris zeigen) und in Kärnten (Villach zeigen) bekannt.
Von dieser heute kaum noch bekannten und praktizierten Unsitte
wird eine böse, moderne Sage erzählt:
Ein Mann aus Westrhauderfehn will seinem fünfjährigen Sohn
‚Bremen' zeigen. Dabei bricht er dem Kind das Genick. Als auf
das Geschrei des Vaters die Mutter und ein zweiter Sohn herbei-
eilen, will der Vater demonstrieren, wie es zu dem Unglück kommen konnte. Er nimmt den Kopf des zweiten Kindes zwischen
seine Hände und bricht ihm gleichfalls das Genick. Die Polizei
trifft ein, Nachbarn kommen hinzu. Da niemand sich vorstellen
kann, was geschehen ist, führt der Mann die Prozedur an einem
Nachbarskind noch einmal vor mit dem gleichen Ergebnis.
Die Geschichte soll vor allem als Warnung erzählt worden sein,
Babys nicht am Kopf hochzuheben. (Brednich 1993: 102 f.) Vgl.
Bagband.

Dat is Bremer Wind.
Verspottung des Bremer Selbstbewußtseins.

Hopp, hopp, hopp, hopp, ho,
na Bremen fohr wi to,
haal 'n uns' Kindje 'n Paar neje Schoh.
Neje Schoh mit Knopen,
dor kann 't so goot mit lopen,
neje Schoh mit Ringen,
dor kann 't so goot mit springen.

Hutt, hutt, hutt, te(m)men,
well geiht mit na Bremen.
Een so 'n lüttjet Kindje,
dat köön'n wi woll mitnehmen.   (Kniereiterreime)

III. Nach Süden: Emsland, Hümmling, Westfalen

Der Hümmling wurde wegen der zahlreichen Feuersteine (ndd.: Flint- oder Füürsteenen), die man dort bis heute findet, *Füürsteenenland* genannt, die Hümmlinger hießen *Füürsteenenfreter* oder schlichtweg auch *Flintsteenen*.

Der Name *Füürsteenenland* galt früher für das gesamte Emsland, das alte münsterische Amt Meppen, das nach Sprache und Kultur so gut wie eine Einheit darstellt. Die Niederländer wiederum nannten das Emsland ‚het Munsterland‘, wegen seiner einstigen Zugehörigkeit zum Bistum Münster, ein Name, der im 19. Jahrhundert auch von den Ostfriesen übernommen wurde.

Das Emsland wird seit etwa 1900 auch *Muffrika* genannt, abgeleitet von Muff, mof → Nach Westen.

Die westfälischen Wanderarbeiter und -händler, die *Fälinger* oder *Fälings*, die vor allem im 19. Jahrhundert nach Ostfriesland kamen, waren als besonders dumm verschrien. Man erzählte in Ostfriesland und der Provinz Groningen gern von ihren Schildbürgerstreichen (→ vdK / Sch 1993, Nr. 82-106) und kennt bis heute zahlreiche Sprichwörter, wie z.b.:
He is nett so dumm as 'n Fäling, he weet van keen Tuten of Blasen.
oder:
Dat is ja 'n raren Sand hier, sä de Fäling, as he in de weeke Klei kwamm.
oder auch:
Gerd, hebben de Plumen ok Beene, sä de Fäling, do harr he 'n Pogge (Frosch) daalsloken.

Fäling oder *Westfelinck* galt bereits im 16. Jahrhundert in Ostfriesland als Schimpfwort. So findet sich im Bruchregister (Strafregister) zu Pewessum (Pewsum) (1586-1588), daß ein Detmer Oesterman - vermutlich ein eingewanderter Westfale - klagt, er sei als ‚groene Westfelinck‘ beschimpft worden.

Die Stapelmoorer pflegten früher über ihre emsländischen Nachbarn zu sagen: *Dar wohnen Lü, de drinken Koffje un sünd roomsk* (römisch-katholisch).

Ortsspott scheint südlich der ostfriesischen Grenze seltener gewesen zu sein, zumindestens lassen sich in der Literatur, aber auch beim heutigen (!) Befragen von Gewährsleuten kaum (noch) Belege im Volksmund finden. Hier folgen wenige Beispiele:
Askendörper Pintnökers (Geizhälse).
nöken = vögeln; Pint = Penis

Dat gifft Rüümte um de Herd! sä de Papenbörger tegen sien Wiev, do wassen hum söven Kinner an de Pocken (of)stürven.

Aus Papenburg wird durch Vokaltausch der Spottname *Pupenbarg*.

Das frühere Kfz-Kennzeichen ASD des alten Landkreises Aschendorf-Hümmling wurde im südlichen Rheiderland gern interpretiert als: *Askendörper Dussels*, das heutige Kennzeichen EL wird als ,Entwicklungsland' gedeutet.
Es hieß auch: *Gott schütze uns vor Regen und Wind und Autos, die aus dem Emsland sind.*

Hermann Schönhoff bringt in seiner ,Emsländischen Grammatik' (1908) für das Kirchspiel Lathen 11 weitere Beispiele von Ortsspott.

Nachbarreime

Nachbarreime sind den Ortsneckereien eng verschwistert. Sie entstanden u.a. bei den abendlichen Zusammenkünften junger Leute, dabei wurden gemeinsam die Namen der Anwohner einer Straße, von Haus zu Haus mit einer kurzen Charakteristik bedacht, hauptsächlich nach ihrem Beruf oder auch nach ihren menschlichen Eigenarten. Natürlich waren diese Beurteilungen zuweilen an den Haaren herbeigezogen, manchmal auch unrichtig oder allein dem Reim geschuldet. Neben ihrer ortsgeschichtlichen Bedeutung beruht der Reiz dieser Verse zweifellos heute vor allem auf ihrem farbigen Schimpfwortvokabular. Die Reime gingen im 19. Jahrhundert überall in den Städten und Gemeinden von Mund zu Mund und hielten sich jahrzehntelang im Gedächtnis der Menschen, aufgeschrieben wurden sie spät und relativ selten. Nachbarreime sind hier und da in Ostfriesland notiert worden, hier folgt eine kleine Auswahl.

A m d o r f (Samtgem. Jümme, Ldkr. Leer)
Hasbörg slacht 'n rode Koh,
smitt Frau Bloem de Bunken to.
Cordes wohnt up 't Enn',
Anneus slacht 'n Henn'.
Johann-Friedrich mit sien dülle Kopp
kriggt Rademakers dicke Swien bi de Kopp.
Jakob Poppen is 'n Backer,
schitt Diedje-Baas up d' Acker.
In Specht's Huus stinkt',
in Lay's Huus blinkt'.
Krämer is en dicke Buur,
Ude Meyer word de Karmelk suur.
Mester mag geern hau'n,
Freerk Behrens kann nich kau'n.
Paster is en rieke Mann,
dor kann Goudschaal nich tegen an.
Etje-Möh is old un swack,
Nekes sitt up 't Schietgemack.

Hemmen sitt mit Frau unner d' Laken,
in 't Weertshuus seggen s':
,He kann 't Gatt nich raken!'

B u n d e (Samtgem., Ldkr. Leer)
D. wohnt um 'n Dreih,
B. leggt 'n Ei,
H. slacht 'n Koh,
smitt N. de Bunken to,
v. L. is so 'n gode Mann,
steckt D. de Piepe an,
Frau F. löppt up Söcken,
Frau B. hett de Melk upsopen,
is van Benaudheid in d' Jödenkark lopen,
P. is 'n Pinselgeerd,
W. löppt mit 'n Swiensteert.

Die Reime beginnen an der Ecke Kellingwold und werden hier nach Bunderhee hin fortgesetzt:

W. wohnt um 'n Dreih,
B. is so lei,
M. is so 'n grode Heer,
J. haalt de Schapen weer,
W. de heet van Hille,
D. kriggt sien Wille,
S. dat is so 'n Dürverkoper,
B. hett noch Blick un Koper,
K. is so 'n wiese Snieder,
Fräulein B. wohnt noch 'n Döörtje wieder.

E m d e n (Kreisfreie Stadt)
Heyl de harr 'n lüttjet Kattje,
Hillers sä: ,Do 't hum in 't Fattje',
Janssen mit sien lüttjet Been
wull de Katte danzen sehn.
Schüür mit sien grote Sluren
dä de heele Straat beluren,
Juister, disse groffe Mann,
sä: ,Wat geiht mi de Katte an!'

Brillmann mit sien blanke Hamer,
jaggt de Katte in Schlüters Kamer,
Schlüter mit sien Goosepenne,
jaggt de Katte in de Fenne.
Meinders mit sien dick Stück Koper
de word noit 'n Wederdoper,
Thein de is 'n Gruuvkebacker,
Müseler is 'n heele Racker,
de Boer dat is 'n gode Backer,
Stein dat is 'n Kohjeracker,
Müller, disse arme Mann,
sä: ‚De Katt geiht mi nix an'.
Böhme wull hum heel geern hebben,
se sä: ‚Wat sall he dann gellen?'
Bakker is man 'n bietje wies,
he geiht immer na de Akzies.
Simmering maakt de Müren witt,
van Laaten is 'n Kopersmidd.
Westerhoven, de gode Olle,
seggt tegen Stuutjes alltied Bolle.
Eissen hett sien Vögelflüggt,
...
Benjamins treckt de Pickedraht,
Bronger maakt 'n Botterfatt,
Poelders is man 'n bietje raar,
dröögt de Teebladen up sien Darr.
Lantzius un sien Markör
sään: ‚Geevt uns de Katt man her!'
Ein Reim aus der Wilhelmstraße vom Kruseschen Hause bis zum
Weinberg, West- und Ostseite (mehrere Häuser scheinen übergan-
gen zu sein). ‚Die Jagd nach einer Katze' ist ‚das Leitmotiv, das
alle Namen der Straße zusammenhält'.

L e e r (Stadt / Ldkr.)
Janssen is 'n Maler,
Collmeyer is 'n Prahler,
Sperg mit sien Bunken
de weer darbi bold verdrunken.
Buurman in de Keller,

Lühring hett al weer 'n Stück Speck up de Teller,
Borst mit sien Maatje Kuur,
Saul de steiht al weer up de Luur.
(Wörde)

S p e t z e r f e h n (Gem. Großefehn, Ldkr. Aurich)
Jann Behrends wohnt in 't Enn,
Harm Hagen schrifft mit Penn,
Gerhard mit de grote Hoot,
Harm Harms sien Schösteen sitt vull Root,
Ahlrich kickt so hooch in 't Wind,
Julk-Möh röppt, mien Kind, mien Kind,
Garrelt Eenmann röppt:
Mien Heentje, kumm!
Gebke-Möh röhrt in 't Geld herum,
Reiner Reiners is so rein,
Ubb, de maakt sien Trientje fein,
Willem mi de swarte Smee,
Epke mit de fiene Tee,
Willms Bruns mit de Bessemstehl,
Wobkelina farvt de Fensters geel,
Friedrich mit de hoge Rügg,
Wilhelm gifft sien Kinner 'n Brüggle,
Börchert-Ohm sien Pumpen sünd leck,
Ahrend sien Trientje is kien Hex,
Jörgen-Ohm mit de Kinnerschar,
Heinrich Krus' backt Klüütjes gar,
Albert-Ohm is en Tuffelbuur,
darum kickt Harm Willms so suur.
(Reim von den Einwohnern an der Südseite der Norderwieke.)

T w i x l u m (Warfendorf, Stadt Emden)
H. wohnt up 't Endje,
P. is en Studentje,
Gersema mit sien griese Rock,
Pastor is noch keen tachentig Jahr,
P. mit sien gries' Busk Haar,
B. kookt de Bohnen neet gaar,
H. mit sien Fraulü-Beck,

K. sien Dochders lopen för de Geck,
W. mit sien lange Rock
gifft sien Dennsten Bloodwust-Kook,
B. de lüggt as 'n Swien,
M. stürt sien Dennsten na de Karmelks-Tien,
Frau E. kickt so hooch na de Böhn,
Frau S. de kriggt en jungen Söhn.
(Diese Reime sind vermutlich zwischen 1860 und 1870 entstandenen.)

W e e n e r (Stadt, Ldkr. Leer)
B. hett veer Kinner,
v. R. neet vööl minner,
W. hett 'n fiene Frau,
F. sien is darbi wat rauh,
G. is wat ruug van Aard,
lüttje J. K. hett 'n swarte Baart,
S. is 'n Auktionater,
v. d. L. is 'n Stuutjebacker,
L. is 'n Fimenist.

Jantje-Möh wohnt up de Hook,
K. S. is so klook,
Stoffer-Ohm de grote Buur,
J. B. hett de Mustert suur,
B. S. is 'n fiene Mennist,
R. hett Geld in de Kist,
H. S. hollt de Peer bi 't Tau,
B. G. hett 'n fiene Frau,
H. hett noch Holt in d' Steck,
O. is 'n Leckerbeck,
H. B. sitt up de Fensterbank
un kickt de heele Straat lang.
(Der erste Reim betrifft die eine Seite der Norderstraße, der zweite die andere.)

Nachwort

Volkskundliche Übereinstimmungen in verwandten Kulturen lassen sich heutzutage unversehens bestätigen bei einem Espresso im italienischen Café. Als ich der Chefin von meiner Arbeit erzählte, sprudelte es flugs aus ihr heraus im Dialekt ihres heimischen Veneto:

Vicentini magna gatti, Veneziani tutti matti, Veronesi gran signori ...

Vicentiner essen Katzen, Venezianer sind völlig verrückt, Veroneser sind große Herren...

Ortsneckereien kannte man bereits in der griechischen Antike, sie finden sich im Neuen Testament (z.B. im Brief des Paulus an Titus, 1.12: ‚Die Kreter sind immer Lügner...‘), sie sind bis heute bei fast allen Völkern und in allen Erdteilen verbreitet.

Überall gibt es für benachbarte, aber auch für entferntere Orte und Länder - eigentlich für ihre Einwohner - bestimmte Necknamen und -reime, die deren Geschichte und Eigenart, vor allem ihre vorgebliche Andersartigkeit aufzeigen und humorvoll kritisieren. Häufig werden auch die Ortschaften einer Region mit einer markanten Eigenart in einzelnen Versen vorgestellt, die dann zu einem längeren Reim verbunden werden.

Tatsache ist: Menschen lästern gern übereinander. Spott gegenüber den Mitmenschen, sei es innerhalb der Familie, unter Nachbarn oder auch gegenüber Fremden gehört zu den menschlichen Urbedürfnissen. Ortsneckereien sind jedoch im allgemeinen wesentlich harmloser, als sie beim ersten Hören erscheinen mögen. Wirklich verletzend und diskriminierend sind sie nur selten.

Ähnlich wie Schimpfwörter bauen auch Necknamen zwischenmenschlichen Streß ab und helfen Gewalttätigkeiten vermeiden, sie sind im allgemeinen mehr heiteres Spiel als bitterer Ernst.

Der schwäbische Volksschriftsteller Ludwig Auerbacher (1784-1847) urteilte vor fast zweihundert Jahren: ‚Gott verhüte, daß das Necken unter den deutschen Landsleuten abkomme, es wäre dies ein übles Anzeichen, daß auch die Liebe unter ihnen abgekommen sei.‘

Die meisten heute noch im deutschen Sprachraum bekannten Ortsneckereien (Reime, Sprüche und Namen) kennen wir erst seit dem 19. Jahrhundert.

Interessiert hat man sich für sie meistens nicht allzusehr, nur im Südwesten, u.a. in Rheinhessen, Franken und Schwaben und in Bayern und hier und da in Nord-, Mittel- und Ostdeutschland hat man diese Texte beachtet und gesammelt. Die umfangreichste Sammlung dieser volksliterarischen Kleinformen hat Hugo Moser 1950 für Schwaben vorgelegt.

Angemerkt werden sollte, daß zahlreiche Ortsneckereien keinen realen Hintergrund haben und eher zufällig entstanden sind. Häufig sind es Wandernamen und -reime, die willkürlich unterschiedlichen Orten aufgepfropft wurden, wie in Ostfriesland die augenscheinlich einst beliebten Reime von den ‚Klatten‘ und ‚Lattenhangern‘.

Aber gerade diesen Reimen liegen oft reale, zumeist desolate ökonomische Gegebenheiten der damaligen Zeit zugrunde. Auch historische, geographische, konfessionelle, soziale und sprachliche Besonderheiten schlagen sich in diesen Namen und Versen nieder. Selbst Tiere oder Feldfrüchte, wie z.B. Dohlen (Hager Kanen) und Krähen (Lütsburger Kraihen), Frösche (Auerker Poggen) oder Feldfrüchte, wie z.b. Weißkohl (Acc’mer Buuskohlkoppen) müssen als Namengeber für Ortsnamenspott herhalten.

Dabei lassen sich sogenannte lokalspezifische Besonderheiten, die als einzigartig für eine bestimmte Region in Anspruch genommen werden, fast immer genauso oder ähnlich auch in anderen, vergleichbar strukturierten Gegenden finden.

Die populäre Vorstellung, unabhängig voneinander existierender Regionalkulturen spukt zwar noch in vielen Köpfen herum, ist jedoch seit langem widerlegt.

Zahlreiche Spottnamen gehen auf Sagen und Schwänke zurück (Vgl. vdK / Sch 2003: 393-410).

In vielen deutschen Landschaften gibt es zudem Narrenorte, um die sich zahlreiche Wanderschwänke ranken, wie z.B. Howiek im oldenburgischen Ammerland, Büsum in Dithmarschen, Teterow in Mecklenburg oder einst auch das sprichwörtliche Schilda. Diesen Part haben in Ostfriesland im 19. Jahrhundert vor allem die Fälinger, emsländische und westfälische Hausierer und Wanderarbeiter übernommen, aber auch die Insulaner, besonders die Wangerooger.

Den Emder Pottjekackern, die allerdings durch historische Fakten belegt sind, entsprechen in Schwaben die Trailfinger, Hafe'-, Kübel- oder Geltescheißer (Hafen = Schüssel, Topf; Gelte = Bottich). Man erzählt, die Trailfinger hätten beim Bau ihres Rathauses die Toiletten vergessen. Dies ist zweifellos eine Schwanksage.

Die ‚Leerhafer Geelbeenten‘, die uns in Schwaben als ‚Bopfinger Gelbfüßler‘ bereits bei Sebastian Sailer (1714-1777) in seiner Komödie ‚Die sieben Schwaben‘ begegnen, gehen gleichfalls auf eine Schwanksage zurück. Die Bopfinger haben gelbe Füße bekommen, da sie Eier zertreten haben, um möglichst viele in einen Handkarren zu bekommen.

In Bremen wiederum hieß es, daß die Zigarrenmacher des Buntentorviertels Tabak schmuggelten, indem sie sich die Tabakblätter um die Beine wickelten, die dadurch eine gelbe Färbung angenommen hätten. Hier und da galten auch Lehmwege als Ursache für eine gelbliche Beinfarbe.

Sehr beliebt war einst in Ostfriesland der Beiname ‚Wind‘, er ist in unserem Buch wenigstens achtmal belegt. Mit Marie Ulfers' Roman ‚Windiger Siel‘ ist er auch in die Regionalliteratur eingegangen. Und mit ähnlicher oder identischer Bedeutung gibt es diesen Namenspott z.B. mehrfach in Rheinhessen.

Wie auch der eingangs zitierte norditalienische Ortsspott, treten Ortsneckereien fast ausnahmslos im Dialekt auf, in Ostfriesland und im Jeverland niederdeutsch. Hochdeutsche Reime, wie der zweifellos bekannteste ostfriesische Städtereim, dessen erste Zeile zum Titel dieses Buches gewählt wurde, sind eher selten.

Festzuhalten ist: Ortsneckereien haben in Nordwestdeutschland von alters her kaum Beachtung gefunden, sie waren gewissermaßen das Aschenbrödel der Volksliteratur.

Zwar begann man, angeregt durch das Vorbild der Brüder Grimm, die in der ersten Hälfte des 19. Jahrhunderts ihre Sammlungen deutscher Märchen und Sagen in mehreren Auflagen herausbrachten, ab etwa 1840 auch im Nordwesten Volkserzählstoffe zu sammeln. Das Interesse galt jedoch hier, stärker als in anderen Regionen, vornehmlich den Sagen, weniger den Märchen und Schwänken, weniger den volksliterarischen Kleinformen. Ortsneckereien wurden gar nicht oder nur am Rande beachtet.

Im 19. Jahrhundert waren es in Ostfriesland und Oldenburg nur vier Sammler, die zumeist im Rahmen umfänglicher Arbeiten, eine vergleichsweise kleine Anzahl von Ortsneckereien aufgezeichnet haben. W.G. Kern (d.i. Wilhelm Hölscher) und W.J. Willms gaben 1868 einen Band heraus mit dem Titel ‚Ostfriesland wie es denkt und spricht‘. Diese ‚Sammlung der gangbarsten ostfriesischen Sprichwörter und Redensarten‘ bot im ersten Kapitel ‚Land und Leute ...‘ auch Ortsschelten u.ä., wobei hierzulande bekannte, auf außerostfriesische Orte gemünzte Redensarten usw. gleichfalls aufgenommen wurden. Eine 3. Auflage des Buches erschien 1876, eine vierte liegt in geringfügig erweiterter undatierter (ca. 1880 ?) Handschrift von Wilhelm Hölscher vor. Die folgenden Neubearbeitungen von C.J. Hibben (1919) und Gerhard Ohling (1938) brachten keine nennenswerten Ergänzungen an Ortsneckereien. Der heute fast vergessene, um die ostfriesische Volkskunde sehr verdiente Hermann Meier veröffentlichte 1874 in der Braunschweiger Zeitschrift ‚Globus‘ einen Aufsatz ‚Zur ostfriesischen Neck- und Spottlust‘, der eine Reihe unbekannter Ortsreime enthielt.

Schließlich brachte der damals bereits achtzigjährige Friedrich Sundermann 1922 einen ersten Band einer auf vier Bände geplanten Sammlung heraus, unter dem Titel ‚Upstalsboom. Ostfrieslands Volksüberlieferungen‘. Dieser Band enthielt auch ein relativ umfassendes Kapitel ‚topographischen Volkshumor‘ aus dem Harlingerland. Sundermann bemerkte damals im Vorwort, sichtlich desillusioniert: ‚Seit 1906 ... legte ich die Arbeit zur Seite. Für sowas ist Ostfriesland nicht zu haben‘ (Upstalsboom: S. III). Dennoch kündigte er an, daß im nächsten Band ‚topographischer Volkshumor‘ aus der Krummhörn vorgestellt werden sollte. Sundermann starb, die geplanten weiteren drei Bände erschienen nicht, das möglicherweise reiche Material ging in den 1930er Jahren bei einem Brand verloren (Vgl. vdK / Sch 1993: 368 f.).

Das Land Oldenburg hatte in Ludwig Strackerjan einen Sammler, der in seine vorbildliche, erstmals 1867 veröffentlichte Sammlung ‚Aberglaube und Sagen aus dem Herzogthum Oldenburg‘ auch Ortsneckereien ganz selbstverständlich mit aufgenommen hat.

Die von diesen Sammlern der ersten Stunde notierten Texte ergaben für Ostfriesland und das Jeverland jedoch nur einen relativ kleinen und zugleich landschaftlich unausgewogenen Bestand an Ortsneckereien. Seitdem hat sich im Nordwesten niemand mehr für diese volksliterarischen Kleinformen interessiert.

Bei der Durchsicht regionaler, auch entlegener Literatur galt mein Augenmerk anfänglich zwar gleichfalls vor allem Märchen, Sagen und Schwänken. Die Ergebnisse des jahrzehntelangen Sammelns liegen inzwischen in mehreren Bänden vor, die ich zumeist gemeinsam mit dem niederländischen Volkserzählforscher Jurjen van der Kooi herausgebracht habe.

Hier und da verfingen sich aber auch Ortsneckereien im Netz des Sammlers, es waren aber so wenige Texte, daß sie kaum einen Band gefüllt hätten.

Dabei fiel mir auf, daß die Ausbeute bei Ortschroniken, Festschriften usw., aber auch bei den frühen regionalen Wörterbüchern recht gering blieb.

Die Herausgeber dieser Arbeiten waren sicherlich so vertraut mit dem Spott über den eigenen Ort und die Nachbarorte, daß sie gar nicht daran dachten, diesen Texten Beachtung zu schenken. Zu den daher wenigen gedruckten Belegen kamen persönliche Gespräche, die hier und da einen Fund brachten, wie z.b. den Ortsreim von Ulbargen, den mir die ostfriesische Lyrikerin Greta Schoon (1909-1991) eines Tages mitteilte.

Ein Grund für die Tatsache, daß Ortsneckereien früher kaum gesammelt wurden, ist, daß die Hemmschwelle, möglicherweise abstoßende Texte mitzuteilen, relativ hoch war, sie zeitweilig in bürgerlichen Kreisen geradezu tabuisiert waren.

Bereits 1868 entschuldigten sich Wilhelm Hölscher und W.J. Willms für die Aufnahme des Reimes von den Midlumer Klatten in ihre Sammlung: ‚Wir wollen hoffen, daß es mit dem Reim nicht so schlimm gemeint ist, wie es klingt, wir haben ihn übrigens nur der seltsamen Ausdrücke wegen aufgenommen'.

Der letzte Vers des bekannten Auricher Kirchspielreims über Kirchdorf (Fassung III) wurde durch drei Punkte entschärft, er lautet im Original: ‚Karkdörp is een H...[p]loog.' Das Wort ‚Horen' (Huren) war zweifellos zu unanständig. Die Herausgeber merkten zudem an: ‚[Der Reim] enthält, um als unschuldiger Neckreim passieren zu können, gar zu schlimme Anschuldigungen. Auch liegt die Zeit noch gar nicht weit hinter uns, wo es blutige Köpfe abgab, wenn bei Festgelagen, an Märkten und bei Volksvergnügungen sich eincr so weit vergaß, irgend eine empfindliche Stelle aus dem gedachten [erwähnten] Reime herzusagen.'

Die Zahl der wirklich anstößigen Reime in unserer Sammlung ist dennoch äußerst gering. Diese Tatsache ist sicherlich allein schon dadurch bedingt, daß fast alle Sammler früherer Zeit für sich die Funktion eines moralischen Filters beansprucht haben. Auch hat sich bis heute eine, wenn auch inzwischen abgeschwächte Abneigung erhalten, frivole, ‚unanständige' oder gar zotige Texte mitzuteilen, die sich vermutlich erklärt durch eine noch immer vorhandene calvinistisch-pietistisch geprägte Moralanschauung.

Hermann Meier schrieb 1874: ‚ein guter Teil dieser Schimpfweisheit (gemeint sind Ortsneckereien) lebt nur noch im Gedächtnis unseres Volkes; ein anderer steht auf dem Aussterbeetat ... Seitdem Ostfriesland aufgehört hat, terra incognita zu sein, verlieren sich seine Eigentümlichkeiten wie Schnee vor der Märzsonne. Retten wir durch die Presse was noch zu retten ist.'

Als ich mich in den letzten Monaten dem Thema Ortsneckereien zuwandte, kam mir sogleich wieder der erste Ortsreim in den Kopf, den ich als Kind des öfteren von meinem Vater gehört hatte: ‚Amsterdam, du grote Stadt, büst gebaut up Pahlen ...'. (→ S. 120). Diesen älteren, in Ostfriesland wohl einst weitverbreiteten, ursprünglich niederländischen Reim, hatte er wohl bereits in der Schule gelernt.

Eine ganze Reihe ostfriesischer Ortsneckereien gibt es ähnlich auch im benachbarten Groningen. So finden sich einige Verse des bekannten Reimes über die Ortschaften in der Krummhörn fast unverändert wieder in einem u.a. auf Farmsum bezogenen Text.

Der kulturelle, vor allem der volksliterarische Austausch über die Grenze war jahrhundertelang die Regel, nicht zuletzt wegen der zeitweilig kaum existierenden Sprachgrenze. Dabei sind die Texte und Motive vorwiegend von Westen nach Osten gewandert.

Die meisten heute noch bekannten Ortsneckereien scheinen im 19. Jahrhundert entstanden zu sein, vermutlich ausgelöst durch den Ausbau der Verkehrswege. Nur wenige Reime aus den Jahrhunderten davor haben sich erhalten. Lokalspott für Siedlungen, die in der 2. Hälfte des 19. Jahrhunderts entstanden sind, ist spärlicher.

Der Sinn mancher älteren Texte wiederum, wie der bekannten Gangspill-Reime über die Inseln, ließ sich bereits im 19. Jahrhundert nicht immer mehr gänzlich erschließen und verführte die Sammler zu völlig haltlosen Deutungen. Wilhelm Hölscher und W. J. Willms erklären z.b. die Zeile ‚Spiekeroog hett sien Naam verloorn.‘: Die Insel ‚ist kein Speicher (Spieker) mehr für das Festland, wie es früher gewesen sein soll.‘

Im ausgehenden 20. Jahrhundert wird der traditionelle Nachbarspott kaum noch ernst genommen, so haben sich die Ostfriesen auch bald mit den Ostfriesenwitzen arrangiert und die ursprünglich abfällig gemeinten Witze quasi vereinnahmt und für die eigene Regionalwerbung genutzt.

Aber ähnlich wie Schimpfwörter immer eine negative und eine positive Seite gehabt haben, Schimpf- und Kosewörter gleichermaßen sein können - es hängt manchmal nur von der Betonung ab - so versuchen in neuester Zeit Gemeinden dem abschätzigen Ortsspott eine positive Seite abzugewinnen. Ein aktuelles Beispiel ist Carolinensiel. Dort beginnt man den Beinamen ‚Clinensieler Wind‘, der allerdings auch niemals nur negativ gemeint war, als Slogan für die Ortswerbung einzusetzen und möglicherweise sogar in einem Denkmal darzustellen.

Daß die Tradition der ‚Ortsschelten‘, wie man sie einst nannte, auch heute noch nicht gänzlich erloschen ist, und sich wie so vieles andere nur kürzer und zeitbezogener manifestiert, erweist sich an den aktuellen Deutungen von Kfz-Kennzeichen (→ S. 55, 110, 111, 127).

In diesem Buch habe ich mir einige kleine Grenzüberschreitungen gestattet und einige Texte einbezogen (Anekdoten, Kinderreime, Rätsel mit lokalen Bezügen usw.), die zwar kein Ortsspott sind, die aber dennoch das Bild lokaler Poesie hier und da abrunden.

Am Schluß des Bandes habe ich einige Beispiele aus einer größeren Sammlung von ostfriesischen Nachbarreimen aufgenommen, darunter einen bisher ungedruckten Text aus Amdorf.

Nachbarreime, den Ortsneckereien verwandte Texte, zumeist aus der zweiten Hälfte des 19. Jahrhunderts, haben zweifellos einen geringeren Halbzeitwert, da sie sich dezidiert bezogen auf

Menschen, die damals in einer bestimmten Straße gewohnt haben.

Zwar sind die Nachbarreime aus der Distanz der Jahre heute nicht immer eindeutig zu erklären, sie bewahren u.a. hier und da Erinnerungen an die alte Zeit, vor allem an das alte Handwerk. Natürlich sind sie wegen ihres humorvollen Spotts auch heute noch nicht ohne Reiz.

Daß die Reime, von denen wir hier sprechen, häufig Halbreime (Assonanzen) sind, nach dem Prinzip ‚reime dich oder ich fresse dich‘, ist ein Merkmal jeglicher Volksdichtung.

Nicht berücksichtigt habe ich im allgemeinen Beinamen für Ortsteile, die zumeist in der ersten Hälfte des 20. Jahrhunderts entstanden sind, wie z.b. in Leer ‚Abessinien‘ und ‚Neu-Amerika‘.

In diesem Nachwort konnten nur einige wenige allgemeine Aspekte zu Ortsneckereien aufgezeigt werden. Ein grundlegender Aufsatz zum Thema findet sich in dem bereits erwähnten Werk von Hugo Moser.

Dieses Buch ist das Ergebnis eines jahrzehntelangen Interesses für Volksliteratur. Gut die Hälfte der Texte sind aus der Literatur zusammengetragen. Durch die Befragung einer ganzen Reihe von Gewährspersonen in den letzten Monaten und durch deren engagierte Mitarbeit ist es jetzt noch gelungen, zahlreiche Necknamen und Reime, die bisher noch nirgends notiert worden waren, vor dem Vergessen zu bewahren.

Natürlich wäre es utopisch gewesen, heute noch eine lückenlose Sammlung von Ortsneckereien aus unserer Region vorlegen zu wollen. Dieser Versuch wäre zweifellos zum Scheitern verurteilt, denn es ist gewissermaßen bereits ‚Viertel nach zwölf‘. Dennoch kann die jetzt entstandene Sammlung von nordwestdeutschen Ortsneckereien ein relativ umfassendes, wenn auch unvollkommenes Bild von dem einstigen Reichtum dieser volkserzählerischen Petitessen vermitteln.

Der Emder Historiker Friedrich Ritter (1856-1944) bezeichnete einst die den Ortsneckereien verwandten Nachbarreime als ‚trotz ihrer Armut an dichterischem Gehalt nicht ganz wertlose ostfriesische Volkspoesie‘, ein Urteil, das m.E. gleichermaßen und noch stärker auf die Ortsneckereien bezogen werden kann.

Leer, Ende Oktober 2004   Theo Schuster

Worterklärungen

Akzies	Steuer, Zoll
al	schon
annerwors	anderswo, sonstwo, woanders
Arvt/en	Erbse/n
Beck	Mund; Maul, Schnauze
belopen	einholen
beluren	belauern; belauschen, beobachten
Benaudheid	Angst, Beklemmung usw.
Bessem, -ries, -smaken	Besen, -reisig, -binden
blied	froh, fröhlich
Bookbinder	Buchbinder
Bott	Platz
Brügg/e	Brotschnitte
Buckgeld	,Aussteuer', eigentl.: Deckgeld
Bunk/en	Knochen (sing. u. plur.)
buskleren	buschledern, d.h. hölzern
daalsluken, -sloken	hinunterschlucken, -geschluckt
Darr	Darre
darten	ausgelassen
Deitass	oberer bunter Besatz einer (wollenen) Schürze
Dennsten	Dienstboten, Gesinde
Dickkopp	,Dickkopf', dickköpfiger, eigensinniger Mensch; eigensinniges Verhalten; übertr.: Lutheraner, entspr. der Kopfform des Reformators
Döör/tje	Tür
dösken	dreschen
Dreih	Biegung, Krümmung, Kurve
düll	wütend, zornig usw.
Dürverkoper	Geldschneider
duun	betrunken
Enn	Ende, Schluß usw.
entglieden, -gleden	entgleiten, entglitten
Fatt/je	Faß; Fäßchen
fell	eilig, schnell
fien	fein; dünn; zart; auch: vornehm(tuend) usw.
Fimenist	Überkluger, Frömmler

Foor	Fuder
frejen	freien, werben
fuul	faul, unrein
Galpsack	Schreihals
Gast	Geest, trockenes Sandland
Gatt	Loch
Gaudeev	Betrüger, Gauner
Geck, för de G . lopen	sich zieren bzw. aufspielen
Geräär	Geschrei, Weinen, Gejammer
gnarren	murren
Goos(e)penn	Gänsefeder
Gört	Grütze
Groten	kleine Münze, etwa 5 Pfennig
Gruuvkebacker	,Grubenbäcker', bei den häufig zweistöckigen Backöfen konnte früher der untere Teil nur beschickt werden, wenn man in eine, vor diesen Öfen vorhandene Grube (Gruuvke) trat.
güst	unfruchtbar, keine Milch gebend
Hangelatten	→ Lattenhanger
Heeg	Hecke
Hexenloog	Hexendorf
Hill/e	Heu-, Stallboden
Hollert	Feierabend
Hook	Ecke
Horenloog	Hurendorf
Hörn	Ecke
Hose, Hoos	langer Strumpf, Beinling des Strumpfes
Huud	Haut
Jüffer	Jungfer, Jungfrau
Kar(n)melk	Buttermilch
Karnmelks-Tien	Buttermilchgefäß
Katt	,Katze', falsche, zänkische Frau,
Katten	vor allem in den Niederlanden ein Scheltwort für junge Leute aus anderen Dörfern
Katt(en)schiet	Katzendreck, -scheiße; übertr.: etwas überaus Minderwertiges, Mißlungenes
kibbeln	streiten, zanken
Klatte, Klattje	abgerissener, zerlumpter, auch lum-

	piger Mensch, Schlampe, Schmutzfink usw.; eigentl.: Fetzen, Lappen, Lumpen
Klör	Farbe (frz.: couleur)
Klüütje	Knödel, Mehlkloß
Klüütjebacker	‚Klößchenbäcker‘, allgemein abfällig für Bäcker
kniepen	kneifen; knausen
Kohjeracker	Abdecker
Kolk	Teich
Kook	Kuchen
krieten	jammern, weinen
krillen	bieten, krümmen, ringeln, schlängeln
Krinthenmehlpüüt	Mehlkloß mit Korinthen
Kroos	Krug, ca. 1 l
kroppen, sük k.	sich aufspielen
krüdig	schmackhaft, würzig
krullen	kräuseln, locken, ringeln
krunkeln	knicken, zerknittern
Kuntrei	Gegend, Umgegend
Kuur	Branntwein, Schnaps
Kuus; Kusen	Brocken, Kloben, Klotz; Backenzahn; sing.; plur.
lage legen	darnieder gelegen
Lattenhanger	Hungerleider; Lumpenkerl usw., entspr.: He hangt an de Latten (auch: Hangelatten)
Leckerbeck	Feinschmecker, Schleckermaul
leeg, lege	niedrig, niedrige
Leer	Leder
lei	faul, träge
Loog	Dorf, Ort
lüsten, lüssen	begehren, mögen usw.
Maan	Mond
Maatje	altes Hohlmaß (ca. 1/16 l)
mall	schlecht, schlimm; verrückt
Markör	Kellner (frz.: marqueur)
Mennist	Mennonit
Mestfaal	Misthaufen
minn	gering, wenig
Möh	‚Muhme‘. Diese Bezeichnung wurde früher älteren Frauen ohne Unterschied des Standes beigegeben

moi, mojen	schön, schönen
Mügge	Fliege; Mücke
Mustert	Senf
naar	schlecht, schlimm; aber auch: klein
Nähren	Nahrung, Einkünfte
Neers	Hintern
Ohm	Oheim. Früher Anrede oder Zusatz zum Vornamen für ältere oder angesehene Männer, z.b. Gerd-Ohm, Jan-Ohm; oder wenn der Name Jan Geerdes ist: Jan-Ohm-Geers; entsprechend: Buur-Ohm, Mester-Ohm, Pastor-Ohm
oolk	arg, böse
Paap	Pfarrer, Pfaffe
Padd	Weg
Paddstock	Pulsstock, Springstock
Pekelhereng	Salzhering
Penn	Feder
Pick(e)draht	pechgetränktes Hanfgarn zum Nähen von Schuhen
Pickelpoggle	Kaulquappe (oldenburg.: Pidel-poggle; Pidel = Penis)
Pinselgeerd	Maler
Plackland	= Plagg'land, d.h. Heide-, Grasland, → Plagg/e. In dem Bagbander Reim (→ Bagband) ist der Begriff vermutlich ein Wortspiel mit: placken = plagen, mühen, quälen
Plagg/e, Plack/e	Heide-, Rasensode
Pluum, Plumen	Pflaume/n
poten; pootde	pflanzen; pflanzte
Pricke	eiserne Gabel mit mehreren mit Widerhaken versehenen Zinken zum Erbeuten von Plattfischen
Prootkoll	ständige, übliche Rede, Protokoll
Puls	Stoßholz in der Butterkarne
pulsken	plantschen
Pulsstock	Springstock zum Überspringen von Gräben in der Marsch
Pupp	Kind
Puur, Puren	Kröte/n
Pur(en)gatt	Krötenloch

puttjen	patschen
quaad	böse, schlecht, schlimm
raar	eigen, seltsam, sonderbar
Racker	Bösewicht, Schelm; Abdecker
raken	treffen
rären	schreien, weinen
Root	Ruß
rüsten	ausruhen
ruug	grob, roh
Sandbüsse	,Sanddose' = Baltrum
Scharr	Schatten
Scheppsel	Geschöpf, Kreatur, Wesen
Schietgemack	,Scheißhaus'
S(ch)mee	Schmiede
Schofftied	Arbeitspause, Rast, Feierabend usw.
Schojer	Landstreicher, Schuft, Taugenichts
schoon	frisch, sauber
Schott-, Schörthosen (auch: *-hasen*)	Strümpfe oder Socken ohne ,Füßling'; auch: Lump, Schuft
Slee	Schlitten
Slingerslee	kleiner Kinderschlitten ohne Lehnen (ursprüngl. m. e. langen Tau z. Herumschleudern)
Sluukhals	Nimmersatt
Sluup, Slupen	Schaluppe/n; Sammelbez. f. versch. Fahrzeuge: meistens offene Beiboote, auch kleine Fracht-, Fischerei- und Kriegsschiffe mit Kuttertakelung
Sluur, Sluren	Pantoffel/n
Smee	Schmiede
Smeer	Schmiere
smusen	schlemmen, schmausen
Snoor	Schnur
Spaa	Spaten
Speek, Speken	Speiche/n
Spitzkopp	konisch zulaufender Kopf mit spitzer Nase und fliehender Stirn, übertr.: Calvinist, Reformierter, entspr. dem Kopf des Reformators
stack	aufrecht, gerade, steif, unbeweglich
Steck	Verschlag

Stiefkopp	Dick-, Steif-, Starrkopf; eigensinniger Mensch
Stick	Haltepflock
stickbreed	überaus laut
stönen	stützen
Struukrover	Strauchdieb, Wegelagerer, Herumlungerer
Stuutje	Brötchen
Stuutkapp	Endstück eines Weißbrotes
sünig	sparsam; geizig; knapp, dürftig
Supen	Buttermilch
susen	prassen usw.
Taskendook	Taschentuch
tegen	gegen; neben
temmen	zügeln
tillen	auf-, erheben; heben
Toom	Zügel
Toversche, Toverske	Zauberin, Hexerin
trecken	ziehen
uptillen	auf-, empor-, hochheben
utnaihen	ausreißen
Vögelflüggt	Vogelflug
Wederdoper	Wiedertäufer, Täufer (Baptist, Mennonit)
wies	klug, pfiffig, naseweis

Bibliographie (Auswahl)

Quellen:

ALBERTS 1948 = Alberts, A.: Beiträge zur Geschichte und Volkskunde des Dorfes Nortmoor (Manuskript).

ARENDS = Arends, Fridrich: Erdbeschreibung des Fürstenthums Ostfriesland und des Harlingerlandes. Hannover: Hahn; Emden: Hyner 1824 (Reprint Leer: Schuster 1972)

BENINGA = Beninga, Eggerik: Cronica der Fresen, Teil 1 u. 2. Aurich: Ostfriesische Landschaft 1961 u. 1964

BLIKSLAGER 1913 = Blikslager, Georg: Ut unse Kinnertied. Woord un Wies'. Emden: Schwalbe 1913

BLIKSLAGER 1928 = wie vor: Stimmen der Heimat. Niederdeutsches Volksleben im Spiegel des ostfriesischen Volksreims. Norden: Heinr. Soltau 1928

BÖGER = Böger, Joachim: Die niederdeutsche Literatur in Ostfriesland von 1600 bis 1870. Frankfurt: Lang 1991

BOTSCHAFT, KÖNIGL. NIEDERLÄNDISCHE (Hg.): Nachbarn. Der 10. Mai 1940 - 50 Jahre danach. Bonn 1990

BREDNICH = Brednich, Rolf Wilhelm: Das Huhn mit dem Gipsbein. Neueste sagenhafte Geschichten von heute (Beck'sche Reihe 1001). München: Beck 1993

BRUNE = Brune, Werner (Hrsg.): Wilhelmshavener Heimatlexikon (Bd. 1-3). Wilhelmshaven: Brune 1986

BRUNKEN = Brunken, Antoni: Sehn mit de Oogen van 'n Ollersumer Jung. Oldersum: Selbstverlag 1985

BUISMAN = Buisman, Albertus: ‚Geschichten und Sagen aus der Dorfchronik von Visquard', in: Upstalsboom Bll. V. Jg. 1915/16: 132

BUURMAN = Buurman, Otto: Hochdeutsch-plattdeutsches Wörterbuch. Auf der Grundlage ostfriesischer Mundart. 12 Bde. Neumünster: Wachholtz 1962-1975

DANIEL = Daniel, Arnold: Vom Volksaberglauben in Ostfriesland. Nachdruck der Auflage Aurich 1912. Leer: Schuster 1989

DIRKSEN = Dirksen, Carl: Ostfriesische Sprichwörter und sprichwörtliche Redensarten m. historischen und sprachlichen Anmerkungen. 2. Auflage 1. u. 2. H. Ruhrort: Andreae & Cie. 1889 bzw. 1891 (Reprint Sändig 1973)

DK = Doornkaat-Koolman, Jan ten: Wörterbuch der ostfriesischen Sprache. Etymologisch bearbeitet. 3 Bde. Norden: Braams 1879-1884

DUNKMANN = Dunkmann, Adolf (Hg.): Ostfriesisch-Plattdeutsches Dichterbuch. Nachdruck d. 3. Auflage Aurich 1922. Leer: Schuster 1975

EDZARDS = Edzards, Edzard (Hg.): Friesisches Jahrbuch. Emden [1].1867-[2].1870

FRERICHS = Frerichs, Friedrich.: Chronik von Nortmoor. Unveröffentlichtes Manuskript (begonnen 1895)

HAIJER = Haijer, J.: ‚Ostfriesische Sprachforschung. Könnte der Ortsname Ihren vielleicht eine Kurzform des Gottesnamens Irmin sein?', in: Heimat-Bücherei 6, Leer: Zopfs 1939: 33- 41

HALEM = Halem, August von: Malerische Ansichten von Städten, Gemeinden und Baudenkmälern in Ostfriesland, nach der Natur gezeichnet und mit begleitendem Texte. Erste Lieferung. Leer und Aurich: Prätorius & Seyde 1842

VAN DER HEIDE = van der Heide, Dirk / Schreiber, Fré: Schelden, schelden dut nait zeer. Bedum: Profiel 1989

HG / SCH = Haddinga, Johann / Schuster, Theo: Das Buch vom ostfriesischen Humor 1, 2, 3. Leer: Schuster 1982, 1983, 1992

HIBBEN = Hibben, Carl Julius: Ostfriesland wie es denkt und spricht. Eine Sammlung der gangbarsten ostfriesischen Sprichwörter, sprichwörtlichen Redensarten und Ausdrücke mit einem Nachtrage. Vollständig neu bearbeitete und um das Doppelte vermehrte Auflage des gleichnamigen Buches von Kern/Willms. Aurich: Dunkmann 1919 (Unveränderter Nachdruck, Leer: Schuster 1974)

JANSSEN = Janssen, Georg: Was uns Orts- und Flurnamen erzählen. Ein Beispiel aus einem gemischtbodigen Gebiet. Oldenburg: Littmann 1925

KERN / WILLMS = Kern, W.G. / Willms, W.: Ostfriesland wie es denkt und spricht. Neudruck der 3. Auflage 1876. Niederwalluf bei Wiesbaden: Sändig 1970. 4. und vermehrte Auflage: undatierte Handschrift ca. 1880 von Wilhelm Hölscher (Pseudonym = W.G. Kern)

KLEINADEL = Kleinadel, Wilhelm: Kiek mal rin. Kleine Geschichten. Jever: Mettcker 1978

KORRESPONDENZBLATT = Korrespondenzblatt des Vereins für niederdeutsche Sprachforschung, V. Jg. (1880), Nr. 6, S. 70-71, VI. Jg. (1881) Nr. 1, S. 2-4

VDK / SCH 1993 = van der Kooi, Jurjen / Schuster, Theo: Märchen und Schwänke aus Ostfriesland. Leer: Schuster 1993

VDK / SCH 1994 = wie vor: Der Großherzog und die Marktfrau. Märchen und Schwänke aus dem Oldenburger Land. Leer: Schuster 1994

VDK / SCH 2003 = wie vor: Die Frau, die verlorenging. Sagen aus Ostfriesland. Leer: Schuster 2003

LEEGE = Leege, Otto: Lurche und Kriechtiere im ostfriesischen Volksmunde, in: 96. Jahresbericht d. Naturforschenden Gesellschaft in Emden für 1911: 97-100

LÜPKES 1900 = Lüpkes, Wiard: Seemannssprüche. Sprichwörter und sprichwörtliche Redensarten über das Seewesen, Schiffer- und Fischerleben in den germanischen und romanischen Sprachen. Berlin 1900

LÜPKES 1925 = wie vor: Ostfriesische Volkskunde. Nachdruck d. 2. durchges. u. erw. Auflage Emden 1925. Leer: Schuster 1991

MEIER 1868 = Meier, Hermann: Ostfriesland in Bildern und Skizzen, Land und Volk in Geschichte und Gegenwart. Nachdruck der Ausgabe Leer 1868. Leer: Schuster 1979

MEIER 1874 = wie vor: ‚Zur ostfriesischen Neck- und Spottlust' 1, 2, in: Globus 26 (1874): 88-91, 107-110

OM = Ostfriesisches Monatsblatt für provinzielle Interessen. Emden 1. Bd/1873 ff. (bis 12. Bd./1884)

RARISCH = Rarisch, Klaus M. Rarisch / Wohlleben, Robert sen. u. jun.: Donnerwetter. Meteorologisches Handbuch unter besonderer Berücksichtigung kulturatmosphärisch-klimatokultureller Aspekte. Ottensen: Wohlleben 1987

RAVELING 1993 = Raveling, Wiard: Die Geschichte der Ostfriesenwitze. Leer: Schuster 1993

REMMERS = Remmers, Arend: Von Aaltukerei bis Zwischenmooren. Die Siedlungsnamen zwischen Dollart und Jade. Leer: Schuster 2004

RITTER = Ritter, Friedrich: Ostfriesische Nachbarreime, in: Upstalsboom Bll. X/XI 1921-23: 93-97

ROBRA = Robra, Günther: Mittelalterliche Holzplastik in Ostfriesland. Leer: Rautenberg 1959

RÖHRICH = Röhrich, Lutz: Lexikon der sprichwörtlichen Redensarten, 2 Bde. Freiburg, Basel, Wien: Herder 1973

RÖHRIG = Röhrig, Herbert: Heilige Linien durch Ostfriesland. Aurich: Dunkmann 1930

SCHÖNHOFF = Schönhoff, H. (1908): Emsländische Grammatik (Germanische Bibliothek 1.1.8). Heidelberg.

SCHUSTER 1997 = Schuster, Theo: Plattdeutsches Schimpfwörterbuch für Ostfriesen und andere Niederdeutsche. Leer: Schuster 1997.

SCHUSTER 2001 = wie vor: Bösselkatrien heet mien Swien. Das Tier in der ostfriesischen Kulturgeschichte und Sprache. Leer: Schuster 2001

SIEBS 1928 = Siebs, Benno Eide: Die Wangerooger. Eine Volkskunde. Nachdruck d. Ausgabe Oldenburg 1928. Leer: Schuster 1974

SIEBS 1930 a = wie vor: Die Norderneyer. Eine Volkskunde. Nachdruck d. Ausgabe Norden 1930. Leer: Schuster 1973

SIEBS 1930 b = wie vor: Das Reiderland. Beiträge zur Heimatkunde des

Kreises Weener. Nachdruck d. Ausgabe Kiel 1930. Leer: Schuster 1997

STRACKERJAN = Strackerjan, Karl, in: → Korrespondenzblatt

STRACKERJAN 1909 = Strackerjan, Ludwig: Aberglaube und Sagen aus dem Herzogthum Oldenburg I/II. Nachdruck der 2. erw. Auflage Oldenburg 1909. Leer: Schuster 1972

STÜRENBURG = Stürenburg, Cirk Heinrich: Ostfriesisches Wörterbuch. Nachdruck d. Ausgabe Aurich 1857. Leer: Schuster 1996

SUNDERMANN 1869 = Sundermann, Friedrich: Sagen und sagenhafte Erzählungen aus Ostfriesland. Gesammelt und bearbeitet. Aurich: Dunkmann 1869

SUNDERMANN 1922 = wie vor: Der Upstalsboom. Ostfrieslands Volksüberlieferungen; teils aus der Historie, vor allem aber seit 1857 aus dem Volksmunde gesammelt. 1. Bd. Aurich: Dunkmann 1922 (Nachdr. d. Ausg. 1869 u. 1922 in 1 Bd. u. d. Titel: Ostfrieslands Volksüberlieferungen, Leer: Schuster 1974)

UB = Upstalsbooms-Blätter für ostfriesische Geschichte und Heimatkunde. Emden 1.1911-13.1927

ULFERS = Ulfers, Marie: Windiger Siel. Nachdruck d. Ausgabe Hamburg 1949. Leer: Schuster 1978

WIARDA = Wiarda, Tileman Dothias: Ostfriesische Geschichte, 11 Bde., Nachdruck d. Ausgabe 1797-1817. Leer: Schuster 1968

WILKEN = Wilken, Johann: Firrel, ich mag Dich! Eine Chronik aus der Geschichte und Gegenwart eines Dorfes. Selbstverlag o.J. (1995)

Literatur:

BAUSINGER = Bausinger, Hermann: Formen der ‚Volkspoesie'. Berlin: Erich Schmidt 1980

EdM = Enzyklopädie des Märchens. Handwörterbuch zur historischen und vergleichenden Erzählforschung. Bd. 1-11 Berlin: de Gruyter ab 1999-2004

MOSER = Moser, Hugo: Die Ortsnecknamen als volkskundliche Erscheinung, in: Schwäbischer Volkshumor in Stadt und Land, von Ort zu Ort. Stuttgart: Theiss 1981

Dank

Gedankt sei allen, die aus eigenem und erfragtem Wissen mitgeholfen haben, diese Ortneckereien zu bewahren und soweit möglich, ihren Ursprung zu deuten. Es waren dies vor allem:

Hermann Aden, Hesel
Horst Arians, Remels
Bernhard Berends, Firrel
Hermann Bischoff, Leer
Gerhard Bürjes, Detern
Friederike Dädelow, Leer
Folkert van Dieken, Reepsholt
Hans-Helmut Dirks, Oldersum
Helmuth Doeden, Pewsum (†)
Johann Eilers, Strackholt
Heinrich Erchinger, Nortmoor
Ernst Feuerhake, Leer
Onno Folkerts, Hesel
Dr. Fritz Geyken, Leer
Stefanie Grünefeld, Ihren
Johann Haddinga, Norden
Karl-Hermann Hafermann, Leer
Helmut Hinrichs, Wittmund
Eitel Houtrouw, Leer
Lore Houtrouw, Leer

Mentko Koenen, Loga
Christine Kröger, Bremen
Gerhard Kronsweide, Jemgum
Helmut Kroon, Bagband
Freerk van Lessen, Holtgaste
Christian Meier, Wittmund
Broer Müller, Leer
Hannelore Saathoff, Leer
Heinrich Sanders sen., Großwolde
Udo Sap, Nüttermoor
Greta Schoon, Leer (†)
Alfred Spanjer, Heisfelde
David Steen, Ditzum
G. H. Tebben, Amdorf
Herbert Ulferts, Leer
Dr. Paul Weßels, Leer
Bernd Wever, Leer
K.-H. Wiechers, Dornumersiel
Manfred Wittor, Buttforde
Traute Zahn, Leer

Möglicherweise vermissen Sie in diesem Band Ortsneckereien, die Sie noch im Gedächtnis bewahrt haben. Bitte teilen Sie dem Verlag solche Texte mit, die dann in eine eventuelle 2. Auflage aufgenommen werden.

Biographische Notiz

Holger Fischer (* 1959 Emden), Zeichner, Illustrator, Cartoonist, studierte Kunst und Geschichte in Oldenburg und Grafik-Design in Bremen, war Gastprofessor an der Hochschule für Künste in Bremen, ist nun Lehrer am Schulzentrum Collhusen in Ostfriesland. Für den Verlag Schuster illustrierte er die Bilderbücher ‚Dat Ollske un de Bigge‘ und ‚Eerdmanntjes‘.

Hinweise für den Leser

Ältere Sammler, wie z.b. Friedrich Sundermann haben in Zusammenstellungen von ‚Topographischem Volkshumor‘ entsprechende Sagen mit einbezogen. Sagen zu ostfriesischen Ortsnamen, mit humorvollen, volksetymologischen Deutungen, finden sich auch in dem von Jurjen van der Kooi und Theo Schuster herausgegebenen Band ‚Die Frau, die verlorenging. Sagen aus Ostfriesland‘ (Kap. XIIIa. Orts- und Spitznamen). Leer: Schuster 2003.
Bei der Zuordnung der Orte zu den heutigen Verwaltungseinheiten war für mich das Buch von Arend Remmers ‚Von Aaltukerei bis Zwischenmooren. Die Siedlungsnamen zwischen Dollart und Jade‘ sehr hilfreich. Leer: Schuster 2004.

ISBN 3-7963-0364-1
1. Auflage 2004
© 2004 by Verlag Schuster, D-26789 Leer
Veröffentlichungen in Medien gleich welcher Art bedürfen einer vorherigen schriftlichen Genehmigung.
Illustrationen: Holger Fischer
Gedruckt auf säurefreiem, chlorfrei gebleichtem Papier
Gesamtherstellung: Hans Kock Buch- und Offsetdruck GmbH, Bielefeld
Printed in Germany